I0767090

NICOLA SACCHETTI

La Mente Ternaria

Viaggio all'interno delle Discipline Analogiche

Prefazione di Olga Fusaro Analogista

NICOLA SACCHETTI

La Felicità è perseguire i propri Sogni in piena Libertà ed in pace con la propria Coscienza.

Stefano Benemeglio

Prefazione

Oggi più che mai vi è il necessario bisogno di fermarsi un momento e soffermarsi su noi stessi.

In un mondo come questo, incentrato su stati di frenetica routine e superficiali concetti discussi, è di vitale importanza immergersi nei doni che la natura ci riserva, un po' per ritrovare pace ed armonia, un po' per raccogliere da essa dati ed informazioni d'oro, riconoscendola così come la Maestra per eccellenza.

È nella natura che ritroviamo il nostro linguaggio primordiale, suoni e versi armonici del creato. È nella natura che possiamo osservare il codice simbolico ed il suo funzionamento. È in essa che regna sovrana la bellezza di un sistema perfetto, di cui l'uomo è solo un mero riflesso, alle volte inconsapevole.

Dalle origini ad oggi, riscontreremo richiami al passato e riferimenti alle leggi che governano gli istinti, i nostri, anch'essi dotati di intelligenza organizzata.

Per utilizzare un concetto attuale, in tempi come quelli odierni orientati a rivalutare la chiave bio e la visione olistica (del tutto) dell'uomo, torna come rivelazione il suggerimento di uno stile di vita capace di promuovere la luce e la forza energetica presente in noi. Pertanto, risulta benefico parlare di energia, che emerge dalla perfetta interazione e contrasto tra il nostro raziocinio e quella dimensione istintuale, spesso celata, che fa della nostra vita il vero motore che veicola pensieri ed azioni.

La filosofia alla base di queste dinamiche permette finalmente di vedere la nostra realtà secondo nuove lenti e prospettive grandiose, stimolando il lettore a rivisitare concetti frustranti e che incutono timore nella nostra società, tornando a gestire così ambiti della propria vita fornendo, forse per la prima volta grazie all'esposizione di teorie sulle leggi sistemiche del verso e dell'inverso del dottor Benemeglio, lo strumento per raggiungere l'attualissimo quanto bramato vero stato di felicità.

In conclusione, riprendendo in prestito dalla natura i meccanismi alla base del nostro essere, possiamo finalmente tornare a dirigere la nave del benessere individuale e a vele spiegate possiamo dirigerci lì, dove sentiamo davvero di andare: verso il Sogno.

Già molto prima del completamento del suo percorso formativo per la conoscenza e l'acquisizione delle discipline analogiche, Nicola Sacchetti sentiva il bisogno naturale di divulgare e di ricercare, così come tutti noi Analogisti siamo chiamati a fare, emulando naturalmente la nostra fonte del sapere, Stefano Benemeglio. La passione e la voglia di svoltare sempre in meglio di Nicola Sacchetti, mi ha spinto a seguirlo anche nel suo percorso conclusivo, permettendo così a lui di chiudere un capitolo e iniziarne uno diretto all'aiuto e al

benessere del singolo e della comunità.

Dott. Olga Fusaro Analogista, docente UPDA

NICOLA SACCHETTI

x

A Davide e Camilla

Prologo

Immaginate di ritrovarvi soli, in una grande stanza buia, non riuscite a intravedere le pareti ma sentite solo un grande senso di vuoto tutt'intorno a voi che pian piano vi penetra attraverso la pelle. Il nulla ora è dentro di voi, potete sentirlo nelle vostre viscere, il cuore, dapprima agitato ora pare stanco; lo stomaco gorgoglia arrabbiato e lo sentite restringersi e torcersi trascinandosi tutto il resto. All'improvviso vi ritrovate in posizione fetale, per terra, con le mani sull'addome come proteggersi da un forte calcio nella pancia. Arriva la consapevolezza che lì non c'è nessuno, siete soli e che il colpo proviene dall'interno o dal passato. L'aria della stanza sembra non voler entrare nei vostri polmoni, la pelle suda, la bocca immobile, semiaperta sembra una porta per l'inferno. Realizzate di avere paura ... paura della morte!

All'improvviso una piccola, fioca, lieve lampadina si accende. Iniziate a vedere qualcosa! Il tremore inizia a diminuire fino a scomparire man mano che altre lampadine, in successione, s'illuminano. Vi accorgete che la stanza è piena di punti luminosi e ora sentite lo stomaco dischiudersi, il cuore inizia a battere vigoroso e l'aria, ora visibile, che permea dai vostri polmoni e arriva a ogni singola cellula cede energia e forza. Vi ritrovate in piedi, stabili, pronti ad andare, con occhi splendenti e curiosi che si perdono tra le centinaia di lampadine che oramai si sono accese. I vostri occhi ora vedono e la paura orami è solo un lontano ricordo che serve a essere più forti ... avete trovato l'amore per voi stessi!

Immaginate che le lampadine siano le vostre emozioni, la stanza, la vostra vita e voi la vostra anima. Questo libro ha l'intento di capire cosa accende le lampadine. Con quale meccanismo è prodotta l'energia necessaria che illumina la nostra esistenza dandoci la possibilità di vedere con chiarezza e lucidità il percorso da intraprendere.

"L'uomo che segue la propria strada non può che essere felice!

Introduzione

Questo libro nasce dalla necessità di dare un mio personale contributo alla divulgazione delle Discipline Analogiche. Posso dire che questi ultimi anni in cui sono stato piacevolmente immerso nello studio di queste discipline, ho visto diverse "lampadine" accendersi e dare un senso al mio tempo.

In questo lavoro si andrà ad analizzare il sistema ternario, una delle leggi basilari dell'espressione dei processi vitali, visibile in diversi ambiti naturali, dal mondo vegetale a quello animali e nell'uomo.

Nella prima parte descrivo l'espressione della legge ternaria all'interno di processi naturali e nell'uomo richiamando la teoria del cervello tripartitico di P. MacLean.

Nella seconda parte sono descritte le dinamiche energetiche mentali, secondo la Filosofia Analogica, che regolano l'emotività umana, da sempre motore dell'espressione dell'uomo.

L'obiettivo di questo lavoro è di stimolare nel lettore una diversa chiave di lettura delle dinamiche dei processi naturali. Favorire la comprensione, o semplicemente la riflessione, su come due elementi nella loro interazione si trasformano e ne generano un terzo, che racchiude in se elementi e caratteristiche delle loro originanti. Queste a loro volta, trasfigurati, si sono connessi alla discendente, impostando cosi un sistema ternario.

Parte prima:
LA TRIADE IN NATURA

NICOLA SACCHETTI

1. *Significato del numero tre*

Il numero tre rappresenta la cifra maggiormente diffusa all'interno delle nostre vite. Ogni elemento complesso che ci circonda può essere scomposto e suddiviso nell'elemento sistemico primario, costituito appunto da componenti in triade. Il tre simboleggia il primo numero in cui è presente un'unione, dall'uno, il principio, si passa al due, che divide, per poi arrivare al tre. Rappresenta il risultato creatosi da due elementi contrapposti cosi da rendere essenziale la sua perfezione. È molto energetico poiché la dinamicità di due elementi che interagiscono tra di loro crea un risultato che è espresso con il numero tre.

In quasi tutte le correnti filosofiche religiose, il concetto di triade è sempre presente come simbolo assumendo un ruolo cardine. All'interno della religione Cristiana vi è la Santissima Trinità (Padre, Figlio e Spirito Santo), nella filosofia Taoista dell'antica Cina, fondata sull'interazione dell'*Uomo* con il *Cielo* e con la *Terra*, appare il sistema ternario per eccellenza ripreso successivamente da diversi filosofi in altri periodi. Anche la filosofia Indiana, con la medicina ayurvedica, riconosce i tre "Dosha" che raffigurano l'equilibrio dell'uomo in costante interazione con gli elementi naturali, esprimendo salute, nella sua accezione più ampia. I Dosha sono formati da *Vata* (aria), *Pitta* (fuoco), *Kapha* (terra e acqua). Questi rappresentano solo alcuni esempi di come la triade sia un elemento costituente di tutti i processi naturali dell'ambiente che ci circonda sia nella dimensione reale, in cui si esprime con qualsiasi processo osservabile e tangibile; sia nella dimensione energetica, verso cui l'uomo è chiamato a dare una spiegazione generando le diverse correnti filosofiche e spirituali.

Secondo la Kabbalah la terza lettera dell'alfabeto ebraico, "Gimel", è associata al numero tre. L'ideogramma del Gimel (ג) richiama una persona nell'atto di iniziare a camminare, è una lettera che rappresenta l'origine del movimento, fondamentale per evolvere e uscire da se stessi; movimento necessario per generare quella scintilla energetica che riporti equilibrio all'interno di un sistema per sua natura Dualistico. Si conquista l'armonia nel momento in cui due elementi in contrapposizione dinamica tra loro, ne producono un terzo, alimentato dal punto di vista energetico dal movimento che ha generato la loro interazione e che riporta il sistema in equilibrio. La forma del Ghimel ricorda anche l'espandersi e il contrarsi, fenomeno duale onnipresente in natura. Ogni processo fisico può essere rappresentato da una curva Gaussiana in cui a una fase di Espansione segue una di Restrizione. Questa ciclicità è elemento imprescindibile per lo sviluppo della vita e per la tonicità dei processi naturali. Lo ritroviamo nel susseguirsi delle stagioni o in cicli più brevi nel ritmo circadiano, nei processi biologici dei diversi organismi che, per vivere all'interno di questo sistema, hanno dovuto adattarsi e mimare la sua caratteristica principale: espandersi e contrarsi generando così la propria vita, frutto dall'interazione di queste due fasi.

Il terzo elemento rappresenta quindi il risultato di un sistema che ha insito la sua rigenerazione e mira verso l'evoluzione e il perfezionamento. Tale sistema è in una condizione di dinamicità relativa e il movimento stesso rappresenta l'elemento cardine di questo processo, dando luce **all'essenza più profonda,** identificato dall'uomo in "Dio" o "Anima". Quest'ultima, tutt'oggi, è ancora impregnata di quel mistero che spinge l'essere umano a dirigersi di essa e, in quel preciso istante, esprimendo se stesso, incarna appieno la bellezza del creato. In questo divenire l'uomo si sposa con la sua *felicità*, perché il sistema mentale, fisico e spirituale fissano un obiettivo comune concretando l'espressione del proprio essere.

"Tutto termina nel momento in cui l'uomo si ferma e si compiace" poiché il fermarsi annulla l'azione di quel movimento necessario all'espressione del sé, condizione indispensabile per la strutturazione della propria felicità.

Le Discipline Analogiche, nate dall'ambizione di far ritrovare all'individuo la felicità perduta, vedono alla base di ogni malessere o allontanamento dallo stato di salute (con l'interazione sociale e la produttività socio-economica come sancito dall'OMS), uno stato di Infelicità. Sono diversi gli assiomi Benemegliani che all'interno delle Discipline Analogiche che definiscono le regole e le leggi che governano l'emotività umana e che rappresentavano senz'altro dei punti di partenza per disquisizioni progressivamente sempre più approfondite sul benessere e felicità dell'essere umano. Una delle più famose è sicuramente" *Tu non sei malato, sei solo **Infelice**"*, dove Benemeglio si focalizza sul nucleo base della malattia dando una definizione di felicità, intesa come stato della persona in cui i due sistemi opportunamente bilanciati, rigenerano e producono l'energia necessaria alla loro sopravvivenza, senza boicottarsi l'un l'altro.

Un altro assioma sulla felicità, non meno importante, denuncia: *"Felice è colui che **persegue** i propri **Sogni** in piena **Libertà** e in pace con la propria **Coscienza"**.*

Questo rappresenta uno dei concetti cardine delle Discipline Analogiche e tenta di descrivere a ben vedere quel movimento che l'uomo è chiamato a compiere e le condizioni con cui esso debba avvenire, con dei vincoli funzionali alla rigenerazione energetica che rappresenta il carburante che sarà speso nell'esprimere se stesso.

Nella seconda parte del libro, analizzando i concetti della filosofia analogica si chiariranno la profondità e l'importanza di quest'assioma.

2. Espressione del sistema ternario in Natura

La Natura si esprime all'interno di un sistema ternario: le tre dimensioni che definiscono lo spazio entro cui sono presenti e interagiscono tutte le cose materiali. La nuova fisica quantistica ne aggiunge una quarta: il tempo; tuttavia tale dimensione rimane sempre astratta, non tangibile ma misurabile, in quanto al suo interno, si esprimono e si susseguono gli eventi, risultato delle interazioni delle cose materiali dinamiche all'interno del sistema tridimensionale. Sul tempo, diversi filosofi e scienziati nel corso degli anni hanno cercato e cercano tuttora di definirne caratteristiche e leggi. In ultimo sarà trattato l'aspetto qualitativo del tempo e la sua influenza sulla vita di ogni individuo.

La vita si esprime all'interno di uno spazio e nel momento in cui si volesse identificare un oggetto materiale, si fa inquadrandolo secondo un sistema di assi cartesiani che tengono conto della sua tridimensionalità. La stessa materia, secondo come le proprie molecole si relazionino tra di loro, può esprimersi sotto tre stati, rispettivamente *solido, liquido e gassoso,* ognuna con caratteristiche ben precise. Questi tre stati della materia si ritrovano anche all'interno del corpo umano, dove è presente tutto il complesso di atomi infinitesimali, presenti nell'universo.

Da un punto di vista evoluzionistico, il pianeta terra è il frutto di miliardi di anni in cui si sono susseguiti innumerevoli processi che hanno portato modificazioni ambientali e che hanno spinto i diversi organismi ad adattarsi per sopravvivere. Ciò é stato possibile grazie a degli stress funzionali (eustress) che la cellula e/o l'organismo subivano rispondendo con un "movimento" che mutava lo status quo, tale da superare l'ostacolo e proiettarsi sul successivo livello evolutivo, (che con un parallelismo con le discipline analogiche, potremmo definire al successivo **Sogno**). Quanto doveva essere forte questo stress? Difficile dare una risposta in termini quantitativi. Lo stesso meccanismo di stimolo stressogeno, risposta e adattamento, è stato studiato dal maestro Stefano Benemeglio, all'interno dei dinamismi mentali come espressione del *"fluire"* dell'energia psico-emotiva. Viene naturale un' analogia in quanto ogni volta che si osserva un sistema complesso (la galassia, il corpo umano, il mondo vegetale ecc.), costituito dall'unione armonica di molti elementi, si nota nella maggior parte dei casi, un dinamismo energetico ricorrente ad ogni livello osservato. Si sta raggiungendo sempre più la consapevolezza che, malgrado ogni parte del sistema mantiene una propria identità nella sua evoluzione, ogni elemento interagisce con l'altro condizionando il tutto, che a sua volta plasma e modula il singolo elemento. Da questo meccanismo si evince come *il Micro è simile al Macro* e viceversa; entrambi si condizionano a vicenda secondo canali di comunicazione dati da una rete di armonizzazione energetica.

Se si pensa al mondo vegetale, primi organismi pluricellulari a "invadere" il nostro pianeta circa 600 milioni di anni fa, si nota come sia stato necessario modificare la propria struttura per sopravvivere a un ambiente non acquatico più avverso pur di ottenere vantaggi, quali l'assenza di organismi con cui competere, la possibilità di uno scambio gassoso più rapido e la maggior disponibilità di luce solare per i processi di fotosintesi. Probabilmente le nuove condizioni ambientali più "asciutte" hanno rappresentato uno stress per la pianta (l'eustress) che è riuscita a sopraffare adattandosi e modificandosi in una **struttura ternaria.** Da questo momento in poi ogni pianta ha avuto un *Cormo* (radici) che lo riconnette all'elemento acqua dalla quale ha origine, un *Caule* (tronco, rami), parte deputata al trasporto delle sostanze nutritive e struttura di connessione delle sue parti e le *Foglie* dove si attua la fotosintesi dall'energia solare, in abbondanza sulla crosta terreste.

Questo rappresenta solo uno dei tantissimi esempi di come organismi si siano evoluti adattandosi ed esprimendosi in una struttura di tipo ternario. La conquista della terra da parte delle piante acquatiche, senza dubbio ha contribuito alla nascita dei sistemi viventi sul nostro pianeta e ogni studioso all'interno della propria disciplina potrà descrivere momenti chiave evolutivi in cui ci sia stata l'espressione di un dinamismo di questo tipo.

Nel successivo capitolo sarà messa in evidenza la triade come espressione dell'organismo umano sia nella sua anatomia (forma) che nella sua fisiologia (funzione), poiché l'uomo esprime quel *microcosmo* strettamente interconnesso con il *macrocosmo* in cui è immerso, mantenendo un rapporto di analogia qualitativa e richiamando l'espressione della *Teoria dei Frattali in Natura*.

3. Il sistema ternario nell'Uomo

L'uomo è senza dubbio l'essere vivente con il processo evolutivo maggiore rispetto agli altri animali che popolano il pianeta. E' l'unico che con la sua struttura sia riuscito e "vincere" la forza di gravità, conquistando la stazione eretta e acquisendo un punto di vista diverso dell'ambiente circostante. Questo è stato l'elemento decisivo per l'evoluzione delle sue capacità mentali, che pian piano hanno permesso di modificare l'ambiente intorno a sé per soddisfare i propri bisogni o i propri progetti, secondo le proprie esigenze.

Come ha fatto l'uomo a vincere e dominare la gravità?

Così come nel mondo vegetale, l'uscita dall'ambiente acquatico e l'invasione del mondo terrestre è avvenuta solo grazie ad un'evoluzione secondo una linea ternaria (gli elementi della pianta), anche nell'uomo è avvenuta la stessa dinamica. La colonna vertebrale, presente in tutti gli animali vertebrati, si è modificata ed evoluta andando a creare **tre curve** e solo grazie a questo è stato possibile sollevare le mani da terra e assumere la posizione bi podalica. La triade insita nella colonna vertebrale, ha *allontanato la testa dal suolo e rivolto lo sguardo verso l'orizzonte*, donando una visione ben più ampia dell'ambiente.

L'essere umano, da quando ha raggiunto la posizione bi podalica, ha due arti liberi che non usa più come appoggio (basti pensare ai nostri "cugini" più prossimi in termini evoluzionistici) e questo ha permesso l'ultra specializzazione della mano. Con l'esperienza di migliaia di anni la natura ha permesso un grande salto evoluzionistico innalzando l'uomo su un gradino più alto rispetto a tutti gli altri mammiferi. E' l'unico animale in grado di modellare, a suo piacimento e secondo le proprie esigenze, oggetti presenti nell'ambiente. Grazie alla posizione eretta ottenibile con un minimo dispendio energetico, ha indirizzato l'attenzione alle attività motorie della mano affinando la motilità grossolana prima e fine poi. Basti pensare che la mano, all'interno del nostro cervello, è la parte del corpo controllata dal numero maggiore di attività neuronale rispetto alle altre, sia da un punto di vista motorio, che sensitivo (vedi Homunculus motorio e Homunculus sensitivo). Anche la mano, cosi come la colonna vertebrale rispecchia il *"Principio di economia Universale"*, linea guida naturale per eccellenza in cui un fenomeno o sistema si organizza col fine di ottenere il massimo della funzionalità, spendendo minore quantità energetica.

Sono presenti all'interno dell'anatomia e nella fisiologia umana (e animale) diverse organizzazioni che rispecchiano questo principio e che "sposano" il sistema ternario come materializzazione dello stesso, raffigurato a livello geometrico da elementi (tre punti) che uniti, possono creare la prima figura geometrica e delimitare un'area (triangolo). Sostituendo i punti con l'energia espressa, e l'area con il massimo risultato funzionale raggiungibile, si nota che:

-in un sistema binario due elementi uniti non possono delimitare nessuna area ed è privo di risultato funzionale

-in un sistema quaternario vi è un'area delimitata con risultato funzionale, tuttavia i quattro elementi rappresentano un dispendio energetico maggiore. Da questa breve riflessione si evince come il sistema ternario sposi appieno la legge di economia universale rendendolo onnipresente. Il fine di quest'opera è di fornire una chiave di lettura che porti il lettore stesso a ri*cercare l'espressione ternaria della Natura* all'interno dei processi fenomenologici cui è rivolto.

Stessa espressione si ritrova anche in altri ambiti sociali, economici, architettonici, risultati dell'uomo stesso. Una delle caratteristiche principali del sistema mentale umano è quella di **proiettare** all'esterno ciò che è insito in ciascuno di noi già dal ventre materno. Rimandando il lettore, per un approfondimento a testi di neuroscienze e neurofisiologia, già al trentaseiesimo giorno di sviluppo embrionale vi è la formazione di un agglomerato di cellule nervose, organizzate, di forma allungata come "cavalluccio marino". Anche in questo caso si crea una triade, **"la triade embrionale"** del sistema nervoso: il *Proencefalo, Mesencefalo e il Romboencefalo.* Questi tre aggregati di cellule nervose, in funzione del proprio codice genetico e degli stimoli ambientali, si specializzeranno in specifiche funzioni, mantenendo tra loro connessioni che le scienze neurologiche, con fatica, cercano di studiare e mappare per comprendere appieno i processi neurofisiologici.

Andiamo a vedere ora come teorie neuro scientifiche possano sposarsi con le scoperte del prof. Stefano Benemeglio nell'ambito delle Discipline Analogiche, frutto di anni di sperimentazione e ricerca

4. Il Cervello tripartito di P.M.MacLean

Paul Donald MacLean, neuroscienziato di fama mondiale, ha messo appunto una teoria interessante avvallata da studi neurofisiologici che trovavano un riscontro in ambito emotivo comportamentale. Questa teoria si avvicina alla rappresentazione dell'espressione ternaria in chiave evoluzionistica del sistema nervoso dell'essere umano. MacLean ha elaborato un modello di struttura dell'encefalo suddividendolo in tre componenti, ognuna nata in seguito all'altra, con funzioni diverse tra loro ma allo stesso tempo **strettamente collegate sia anatomicamente**, con meccanismi sinaptici, **che funzionalmente,** con procedimenti neuroendocrini. Le principali porzioni, frutto di millenni di evoluzione, sono tre, dalla più antica alla più moderna, abbiamo:

- **Cervello Rettiliano:** rappresentato dal midollo spinale, mesencefalo, ponte e bulbo, e dai gangli della base con i vari nuclei associati. Questa porzione del sistema nervoso si è organizzata nell'uomo primitivo quando le condizioni ambientali, essendo molto austiche, richiedevano un continuo comportamento di aggressività e sopraffazione con un antagonista. In questa fase l'uomo viveva in maniera solitaria e questo modo di interagire con l'ambiente gli ha permesso la sopravvivenza per un lungo periodo. Il R-complex (cervello rettiliano), attivandosi, mette in atto comportamenti di tipo abitudinario, attraverso risposte istintuali con il fine ultimo della conservazione della specie. Si è visto che, stimolata questa vasta area dell'encefalo, si generavano schemi di azioni che procedevano in una sorta di automatismo che doveva essere necessariamente terminato. I centri superiori (la coscienza), sembrano non avere controllo su questi automatismi una volta avviati. Il *cervello rettiliano* potrebbe essere definito la sede dei comportamenti Istintuali, che si sono fissati negli anni in cui l'uomo era chiamato a difendere il proprio territorio, assumere comportamenti dimostrativi e aggressivi col fine ultimo dell'accoppiamento (mantenimento della specie), e tutte quelle attività strettamente legate ai ritmi ciclici, circadiani e/o stagionali, come mangiare, bere dormire, riprodursi. Attraverso le discipline analogiche s'ipotizza che da questa sede provenga l'impulso della coazione a ripetere da parte dell'inconscio, poiché questi comportamenti istintuali influenzano il pensiero razionale, ma non sono modificabili da quest'ultimo (ipotesi da verificare da studi neuro scientifici).

Di questa porzione del cervello, fa parte la *formazione reticolare*. Internamente è presente la maggior parte dei centri nervosi che vanno a modulare meccanismi automatici e vitali (respirazione, pressione arteriosa, ciclo sonno veglia, nuclei dei nervi cranici, attività locomotorie e posturali). Similmente sono presenti anche i principali

Sistemi Modulatori che, con la produzione di molecole attive a livello nervoso (neuro peptidi), riesce a influenzare e modulare l'attività celebrale e svariati organi e apparati. I neuro peptidi sono: *Noradrenalina, Serotonina, Dopamina, Acetilcolina*, questi sono prodotti da poche migliaia di neuroni che hanno sinapsi in aree vastissime di tutto il sistema nervoso, condizionando diverse funzioni biologiche, dal ciclo sonno veglia alla capacità di apprendimento, dall'umore e comportamento emotivo all'inizio del movimento come risposta a stimoli ambientali e tanti altri sicuramente ancora da scoprire, essendo la neuroscienza una materia relativamente giovane.

Queste molecole immesse nel liquor (liquido in cui è immerso il cervello) proseguono il loro cammino all'interno dell'organismo fino a sfociare nel torrente circolatorio per raggiungere i loro organi bersaglio anche al di fuori del sistema nervoso centrale. Spesso la mancanza di modulazione che può degenerare in una qualche disfunzione organica, avviene poiché diversi fattori "ostacolano" il loro cammino bloccando l'informazione all'interno del corpo umano.

- **Cervello Paleo-Mammaliano**, identificato meglio come il Lobo Limbico, rappresenta una successiva tappa evolutiva nata per controllare e modulare il cervello rettiliano. E' composta dai bulbi olfattivi, il fornice, parte dell'amigdala, l'ippocampo, il giro del cingolo, i corpi mamillari, talamo e ipotalamo con altre strutture associate con cui fanno sinapsi. Queste si attivano nella modulazione continua tra gli imput dell'ambiente esterno e quelli delle necessità omeostatiche interne, attraverso il controllo dei nuclei del R-Complex punto di arrivo di tutte le vie afferenti sensitive dei nervi del sistema nervoso autonomo. Il cervello paleo-mammaliano si sviluppa simultaneamente allo sviluppo delle prime comunità. Nel momento in cui l'uomo ha capito che vivere insieme con altri elementi, al di fuori del proprio nucleo familiare, fosse un valore aggiunto, si è affinata pian piano la capacità di relazionarsi con il prossimo in funzione del proprio stato emotivo. In questa fase è nata, senza dubbio, la Comunicazione non Verbale, frutto della necessità di comunicare un'esigenza emotiva e ricercarne il suo appagamento. Lo sviluppo della neo-corteccia, dove sono presenti le aree del linguaggio parlato e scritto (aree di Wernicke e

Broca), non si erano ancora organizzate. Analogicamente alla mancanza di cibo, acqua, o fonte di stress, fisiologico e benefico entro certi livelli, un'emozione frustata come elemento perturbante il sistema, attiva i centri nervosi dell'ipotalamo innescando risposte di tipo Umorale, motoria viscerale (attraverso il sistema simpatico) e motoria somatica. Quest'ultima rappresentata dalla ricerca del calore in situazioni di freddo (ipotalamo laterale) o di cibo in carenza energetica. Allo stesso modo un'esigenza emotiva frustata stimolerebbe una risposta motoria somatica, che col fine di portare in equilibrio il sistema, innesca comportamenti inconsci dell'individuo, per appagare l'esigenza stessa. Uno strumento utilizzato è la coazione a ripetere come meccanismo generativo di energia emozionale.

MacLean ha definito il lobo Limbico come *"un progresso dell'evoluzione del sistema nervoso, perché è un dispositivo che procura agli animali che ne dispongono, mezzi migliori per affrontare l'ambiente"*, identificandone la funzione principale all'interno del circuito di Papez (n. anteriori del talamo, ipotalamo, ippocampo, corteccia cingolata). Qui risiedono la Memoria Emotiva e l'Espressione Emozionale, aree che durante le varie procedure Ipnotiche sono fortemente stimolate e attivate. L'individuo attraverso esse, ha la possibilità di ristabilire un contatto con il suo mondo interiore rivivendo le proprie necessità più profonde. Questi nuclei neuronali inviano diverse proiezioni verso la corteccia celebrare che, ricevendo queste informazioni, tende a classificare con una connotazione positiva o negativa (parte logica) l'attività emozionale dei nuclei inferiori.

L'ipotalamo inoltre è strettamente connesso con l'**Amigdala**, che rappresenta la sede principale della gestione della **paura**. Qui arrivano afferenze da tutti i sistemi sensoriali e dai lobi celebrali; tramite l'ipotalamo partono le stimolazioni necessarie per la manifestazione somatica della paura, sia fisica sia comportamentale (passando per la sostanza grigia peri acquedottale che modula anche le reazioni di rabbia, R-Complex). Da queste forti connessioni si evince il perché queste aree vengano cosi fortemente attivate dalla paura che rappresenta un agente ipnotizzante potentissimo e che condiziona in maniera sostanziale il comportamento dell'individuo. Con l'attivazione di questi nuclei il soggetto si ritrova in uno stato ipnotico inconsapevole, dove i fili del proprio comportamento sono diretti dalle proprie emozioni e proiezioni.

Si definiscono il Talamo e l'Ipotalamo come la centrale di smistamento di tutte le informazioni sensitive che provengono dal corpo. Da quest'ultimo partono reazioni comportamentali, umorali (attraverso l'ipofisi per esempio) e d'integrazione con altri circuiti, e proiezioni verso la corteccia che, se attivata, rendono l'esigenza emotiva cosciente.

- **Cervello Neomammaliano,** ultimo formatosi, è rappresentato dalla neo corteccia, da strutture del tronco celebrale, dai tratti piramidali e dal neo-talamo. Qui risiedono la coscienza e la consapevolezza degli eventi in una visione logica sequenziale, è sede di parte della memoria degli eventi e si plasma in funzione dell'apprendimento e delle esperienze motorie. Composta da circonvoluzioni e scissure è divisa in lobi altamente specializzati ma con tantissime vie sinaptiche di comunicazione e integrazione delle informazioni.

Riceve afferenze dalle aree limbiche emozionali dando una connotazione positiva o negativa, attua strategie comportamentali ed è la sede in cui si elaborano le progettualità future.

Rappresenta la porzione più studiata (probabilmente anche per la sua vicinanza alla teca cranica) e allo stesso tempo la meno conosciuta. E' la sede del linguaggio sia scritto che parlato ed è caratteristica di specie animali che si sono organizzate secondo una gerarchia sociale e di cui l'uomo fa parte (lobo frontale).

Difficile stabilire quanto questa sia influenzata dalle aree pre-evolutive. Tutti e tre i cervelli sono considerati in qualche modo autonomi poiché si differiscono, nelle funzioni, nei propri neurotrasmettitori, nella disposizione anatomica dei nuclei neuronali (acetil colina e dopamina nel R-Complex, mentre la serotonina è presente in tutti e tre); ma funzionano in maniera interdipendente e reciproca, ricordando che la demarcazione di uno rispetto all'altro è effettuata solo a fini didattici, come del resto in tutti gli organi e apparati.

Oggi le neuroscienze, parallelamente al progredire delle nuove tecnologie, fanno passi da gigante sulla comprensione di uno dei sistemi più complessi della natura, che ha portato l'uomo alla conoscenza e consapevolezza di se stesso distinguendolo dalle altre specie animali.

Sicuramente questo è stato possibile grazie neocorteccia, sede delle attività riflessive e associative. Bisogna considerare anche l'influenza dell'immaginazione nei processi creativi del pensiero, e le proiezioni inferiori che danno la possibilità, al cervello limbico e r-complex di proiettare le esigenze interne contribuendo alla formazione del pensiero. Appare evidente a questo punto che l'esperienza maturata condiziona la valutazione del mondo esterno e la natura stessa plasmandola e modificandola spesso in modo inconsapevole.

Fatto certo è che l'uomo rappresenta l'unico essere che si è distinto dagli altri animali per la **Volontà** di capire le cose, e la **Motivazione** di scoprire le leggi che governano il mondo; nei successivi capitoli sarà evidenziata la provenienza di queste due forze che alimentano l'azione dell'uomo e quindi la vita stessa.

Parte seconda:

LA TRIADE ALL'INTERNO DEL SISTEMA MENTALE DELL'UOMO

5. Il motore energetico dell'individuo: l'eterno dinamismo tra istanza Logica ed istanza Emotiva

La natura, attraverso specifiche leggi, esprimere e canalizza le sue energie attraverso il motore che spinge il sistema mentale umano. L'uomo (cogito, ergo, sum) nel vivere la propria vita, si svolge una relazione con il mondo esterno esprimendo al massimo il proprio essere e il proprio potenziale, manifestando i propri bisogni e mettendo in atto tutte quelle azioni necessarie per il loro soddisfacimento. Tutto ciò richiede un'energia che si crea all'interno della mente umana, in una dimensione virtuale e deve essere dissipata all'esterno dell'uomo, nel suo ambiente, in una dimensione fisica. Questa dissipazione avviene attraverso l'azione, *il movimento*, non solo intesa come spostamento di una porzione corporea, ma da un punto di vista più ampio e filosofico. Allo stesso modo, decidere, fissare un obiettivo, legarsi a una persona, praticare uno sport, compiere qualsiasi atto, mentale o fisico, che produrrà in un tempo variabile, un cambiamento dell'ordine naturale delle cose all'interno dello spazio in cui l'uomo vive, è definito come azione. La mutazione, consequenziale all'esplicitazione della suddetta energia, ha delle caratteristiche variabili sia d'intensità (profonde o superficiali mutazioni), che di spazialità, legate all'ampiezza del territorio in cui si esprime. Se ciò non accadesse, questa energia imploderebbe all'interno del sistema creando dei problemi di grado proporzionale alla quantità di energia stessa.

Da dove nasce questa benzina?

All'interno della mente umana è presente una fonte inesauribile di carburante giacché questo è continuamente creato e rappresenta **l'elemento terziario,** risultante dalla contrapposizione dei due elementi principali del sistema psichico umano, e cioè l'**istanza Logica** e l'**istanza Emotiva**. Dalla continua interazione di queste due "porzioni", si sprigiona una determinata energia che funge da propellente per produrre la necessaria "volontà" e "motivazione" nella conquista del proprio oggetto di desiderio. E' proprio l'andare verso di esso, inseguire una meta o obiettivo che ci siamo prefissi che fa si che l'uomo si elevi all'interno del creato per esprimere quell'Animus, da certi autori detto "Daimon" (Hillman dove riprende il mito di Er raccontato da Platone) e che rappresenta l'espressione del proprio *inconscio*. Quest'ultimo, che definisce l'oggetto di desiderio sopra citato andando a dirigere la propria energia psichica, è definito anche "punta divina" poiché è responsabile delle più grandi intuizioni e progressi che hanno spinto l'uomo al grado di evoluzione in cui si trova e soprattutto rappresenta il motore energetico di cui l'essere umano si serve agire.

Rappresentativa è anche l'istanza logica che ha la funzione di regolare la controparte analogica e tenerla entro certi range funzionali alla vita stessa. Nel momento in cui è letto da quest', ultima un surplus energetico, questo sarà catalogato come tensione ansiosa, non più positiva, con la consequenziale attivazione di meccanismi di difesa.

Solitamente avviene quando questa energia non è riuscita a espletarsi nella dimensione fisica, per esempio il soggetto non è stato in grado di attuare tutti quei meccanismi che sono necessari per destabilizzare un simbolo (perché magari ha interrotto il rapporto prematuramente), oppure non ha trovato un oggetto di desiderio simbolico da ergere come "corpo" verso cui dirigere l'energia presente in quello che Benemeglio definisce come Turbamento Base. La persona non è riuscita a esprimersi nel proprio Turbamento Relativo, che raffigura in questo caso un passaggio dalla matrice metafisica a quella fisica. Quando questo fluire energetico lineare si altera, il "bersaglio energetico" può assumere delle sembianze patologiche incarnandosi nel "corpo del dolore". Durante le sessioni di ristrutturazione emotiva, sarà importante stanare quest'ultimo al fine di interrompere il flusso energetico vizioso che da lineare diventa circolare non direzionandosi nello spazio intorno all'uomo, ma gli si ritorce contro in modo circolare.

6. Dinamiche energetiche del Simbolo

Per esprimersi in un turbamento relativo, positivo o negativo che sia, questo ha bisogno di un bersaglio o oggetto di desiderio che deve prima assumere le caratteristiche di un simbolo. Per arrivare a ciò ci sono dei passaggi che all'interno della mente umana si susseguono e che coinvolgono entrambe le istanze. Andiamo a vedere quali sono:

al principio c'è una fonte di stimolazione, riconosciuta tale dall'inconscio, come bersaglio su cui investire l'energia emozionale prodotta. Essa rappresenta uno spiraglio, la mente vede una possibilità di esprimersi e inizia a "infertizzare", cerca di rendere fecondo un terreno su cui far germinare una pianta che rappresenta poi la materializzazione dell'energia stessa. Man mano che si trasferisce questa investitura emozionale precostituita, giunta a un livello critico, è riconosciuta dalla componente logica e si avvia il processo d'identificazione. L'individuo si riconosce in quella fonte di stimolazione immaginando di possederla e farla propria. A questo punto le due istanze hanno riconosciuto un corpo, che può essere idea, cosa o persona, e possono elevarlo a simbolo, continuando a caricarlo di energia emozionale. Da qui, in un tempo variabile, si continua ad infertizzare caricando il simbolo. In assenza di blocchi o eventi che ostacolano il naturale fluire energetico, arriva l'esigenza di destabilizzare il simbolo svuotandolo del Pathos o della Reattività di cui è stato investito. Questa fase è guidata dalla mente logico-razionale che tenderà sempre a ridurre la tensione mettendo in atto il meccanismo d'*introiezione*, entrando in relazione con il simbolo per possederlo, col fine di privarlo del potenziale acquisito e col tentativo di riappropriarsi di tutta l'energia psichica proiettata. Facendo ciò e mantenendo l'interazione avviene il processo di *trasfigurazione*: il simbolo diventa parte del soggetto che d'ora in poi se ne serve. Entrambi ne escono modificati. Il suddetto simbolo è stato scaricato del suo potenziale dalla persona che l'ha istituzionalizzato, inglobandolo all'interno del suo essere, come se lo avesse assorbito.

Questo fenomeno potrebbe essere descritto anche attraverso la legge fisica di *Dirac,* che afferma "se due sistemi interagiscono tra loro per un certo periodo e poi sono separati, non possono più essere descritti come due sistemi distinti, ma in qualche modo diventano un unico sistema".

Con questo meccanismo la persona si è evoluta nel bene o nel male, facendo esprimere la sua energia interna (esigenza) per mezzo di un corpo esterno (simbolo), senza il quale questo non sarebbe mai stato possibile. In termini "biologici" è come se la fonte di stimolazione iniziale rappresentasse un enzima che facilita un processo biochimico all'interno del nostro organismo.

Vediamo nel dettaglio i quattro meccanismi psicodinamici che fanno parte della prima fase di costruzione di un simbolo:

- o **Incorporazione**: nel sistema mentale si "crea" uno spazio per la fonte di stimolazione, l'inconscio, riconosciutala, la accoglie e la registra all'interno del sistema nervoso.

- **Proiezione**: una volta introiettata, l'inconscio proietta su di essa delle energie tensionali di pathos o reattività proprie del sistema.

- **Identificazione**: questo processo è compiuto dall'istanza logica che si "identifica" nella fonte di stimolazione, e riconosce sia qualitativamente sia quantitativamente il simbolo.

- **Destabilizzazione**: il simbolo è destabilizzato per abbassare la tensione prodotta riconosciuta dalla parte logica. Questa fase è caratterizzata dal tentativo di *possedere* il simbolo.

Nella nostra vita, queste dinamiche permeano la quotidianità in modo del tutto inconsapevole, esplicitandosi nel rapporto che il consumatore ha con le aziende produttrici di prodotti/servizi, in una era caratterizzata dal consumismo più sfrenato. I mezzi di comunicazione di massa pubblicizzano prodotti di consumo, un'auto o un alimento, tramite scene visive e comportamentali che richiamano l'emotività umana, tracciandone un'immagine "ideale" in una o più aree espressive dell'uomo. Si osserva come un figlio si rapporta in modo utopico con i propri genitori, come un marito o moglie trascorrono una vita di coppia felice o una famiglia serena e sorridente si riunisce per colazione. Si assiste all'uomo di successo alla guida di una determinata macchina, alla donna pienamente soddisfatta nella sua vita passionale e/o sessuale, a sintomi come lombalgia o emicrania, che limitano la felicità quotidiana. Subito dopo aver "richiamato" l'eventuale tensione legata dietro questi ambiti della vita di ognuno, è presentato un prodotto nel tentativo di farlo diventare simbolo avente la capacità di ridurre la tensione in precedenza richiamata. In questo modo la parte logico razionale sarà spinta al possesso del prodotto per destabilizzarlo da quella tensione precedentemente indirizzatagli.

La tensione generata dalla visione dello spot pubblicitario è direttamente proporzionale alla distanza tra l'immagine ideale e l'immagine reale di ognuno di noi, cioè dalla differenza di come vorrei che andassero le cose nella mia vita e di come vanno realmente.

Un successivo **sistema ternario** all'interno della mente umana e composto proprio dal **verso** e dell'**inverso**, (dall'immagine reale e quella ideale) che in contrapposizione generano una *distonia* (tensione emozionale). Questa andando a richiamare un'esigenza, "aggancia" l'uomo, che proietterà naturalmente il proprio vissuto col tentativo di appagare questa esigenza o bisogno, innescando dei comportamenti somatici del tutto simili a qui comportamenti che attuiamo per soddisfare il bisogno energetico o di mantenimento della temperatura (ricerca di cibo o di calore).

Questo comportamento somatico sarà direzionato verso un simbolo e in base all'imprinting emotivo del turbamento base, (essere o avere) si entrerà in relazione col simbolo per possederlo, introiettarlo e scaricarlo del suo contenuto emozionale. Una volta entrato in possesso dell'oggetto ormai diventato di desiderio, ce ne serviamo, la facciamo nostro esprimendo il meccanismo di trasfigurazione.

Che fine ha fatto quell'investitura emozionale generata dal Gap che non si è ridotto e si spera non sia cresciuto dopo quest'acquisto? È sempre lì, in attesa di un'altra fonte di stimolazione da individuare in uno spot, in un cartellone pubblicitario, in un logo, in una moda o in una qualsiasi idea cosa o persona che fungerà da enzima per indurre un altro comportamento somatico con l'illusione di appagare esigenze emotive innate, il sistema identificherà continuamente nuovi simboli per esprimersi poiché l'uomo è spinto da questi meccanismi, nella scelta delle sue azioni. Le discipline analogiche rendono cosciente parte dei processi inconsci, restituisce una "bussola" tale da poter dirigere nella consapevole direzione la nostra vita andando a riprendere il controllo del nostro silos energetico e riappropriandoci delle nostre decisioni togliendo di conseguenza al simbolo il potere di decidere al nostro posto. Secondo la legge del verso e dell'inverso nella vita nel momento in cui una persona non prende delle decisioni, ci sarà un'altra che la prende al posto suo. Possiamo dire che le Discipline Analogiche Benemegliane aiutano l'uomo a riappropriarsi della propria Coscienza.

7. La distonia primaria: *Essere o Avere*

Andiamo adesso a vedere nel dettaglio la qualità di questa distonia che abbiamo detto, nasce dalla contrapposizione del Verso e dell'Inverso. Questa **tensione**, risultante della differenza che intercorre tra l'immagine reale e ideale può definire due Gap differenti:

- Il primo tra ciò che si vorrebbe essere e ciò che si è realmente;
- Il secondo tra ciò che si vorrebbe avere e ciò che si possiede realmente.

Questo dipende dall'imprinting emozionale che il bambino ha registrato in piccolissima età. In base alla lettura che ha dato della realtà durante l'appagamento delle sue esigenze primarie, il bambino può essersi trovato di fronte a due situazioni:

- **Ha ricevuto subito l'appagamento** ai suoi bisogni e ha subito un **vincolo al desiderio** (non gli è stato permesso di desiderare a sufficienza essendo anch'esso un bisogno da cui l'inconscio trae nutrimento.)

- **Ha ricevuto troppo tardi l'appagamento** ai suoi bisogni, e ha subito un **vincolo al possesso** (non è stato soddisfatto il suo bisogno di possedere, il bambino ha desiderato troppo o sono state soddisfatte esigenze che non erano richieste in quel momento.)

Questo Imprinting emozionale va a creare la prima distonia dell'essere umano già in piccolissima età e pone le basi su quella che sarà in futuro la propria tipologia emozionale e il relativo relazionarsi nel mondo.

Specificatamente l'inconscio cercherà di esprimere nella propria vita il vincolo subito. Saranno i **distonici dell'Essere,** coloro i quali, hanno ricevuto troppo appagamento delle proprie esigenze o in troppo poco tempo (si consideri che nel lattante l'oggetto del desiderio corrisponderà al soddisfacimento dei propri bisogni primari quali mangiare, affetto, attenzione, dormire, coprirsi, cambio pannetto ecc.); saranno definiti **distonici dell'avere** chi non ha ricevuto l'appagamento nei tempi e modi che desiderava in quel momento, subendo così un vincolo al possesso.

I primi si "agganceranno al desiderio", si alimenteranno maggiormente nel periodo prima di possedere un determinato oggetto di desiderio. Ne rimanderanno il possesso fino a che non sarà soddisfatta appieno l'esigenza di desiderare.

I secondi tenderanno a possedere nell'immediato l'oggetto di desiderio e successivamente, tramite questo, trarranno la propria alimentazione emozionale, avendone cura e idolatrandolo quasi. Al contrario, i distonici dell'essere, dopo esserne entrati in possesso, cercheranno già un'altra cosa da desiderare.

Questo meccanismo comportamentale è la risposta somatica per appagare un'esigenza frustrata inconscia che condizionerà il modo di relazionarsi con i vari simboli che l'uomo identificherà durante tutta la sua vita.

Compreso a quale distonia appartiene il soggetto, con cui entriamo in relazione, è possibile dargli l'illusione del possesso o la possibilità di desiderare, con il nostro comportamento e parola. Immediatamente, ci indirizzerà questa sua energia emozionale, aumentando il nostro potenziale e diventando per lui una fonte di stimolazione. Siamo identificati come potenziali appagatori della sua esigenza.

Bisogna precisare che questi processi non vanno mai presi in senso assolutistico, la distonia è sempre la risultante, l'**elemento terziario** che si genera dalla contrapposizione di esigenze appagate **(possesso)** ed esigenze frustate **(desiderio)** in una determinata percentuale. Avviene anche che, nell'evoluzione della tipologia da genitoriale a egocentrica, passando o no da quella alterata, la distonia originaria cambia; da essere diventa avere e viceversa. L'unico elemento che rimane immutato è la prima conflittualità con il genitore che sarà ritenuto **fantasma cattivo** dal bambino e che, rapportato al sesso di appartenenza, definisce la prima grande distonia dell'essere o dell'avere. Un altro sistema ternario, in cui la **gestione di un'esigenza** contrapposta al **sesso di appartenenza** del bambino, che tende a identificarsi con genitore dello stesso sesso, creerà la prima grande conflittualità materna o paterna. Condizionerà per sempre il comportamento dell'individuo che, anche quando sarà evoluto nella tipologia egocentrica, emulerà sempre gli schemi comportamentali insiti in quella simbologia archetipica che rispecchia l'atteggiamento direttivo, indicativo e colpevolizzante nel ruolo paterno, oppure l'atteggiamento avvolgente, protettivo e sacrificale nel ruolo materno.

8. Il concetto di Stress

Prima di parlare di come questa energia è gestita dal sistema mentale appare necessario definire lo **stress** all'interno delle discipline analogiche benemegliane, detto anche Eustress, in altre parole quello stress fisiologico che serve a dare "tono" al sistema. E' presente in tutti i meccanismi biologici. Affinché sia attivato un processo, ci deve essere sempre una situazione di mancanza, di piccola sofferenza tale da porre le basi per un'azione, una reazione, processo o destabilizzazione che deve portare al soddisfacimento di quella mancanza e alla riduzione di quella piccola sofferenza. Il termine riduzione è fondamentale, poiché la completa risoluzione della sofferenza annullerebbe un fabbisogno futuro e porterebbe alla staticità di un sistema per sua natura dinamico. Basti pensare all'uomo che va a procacciarsi il cibo stimolato dalla sensazione di fame, questo stato gli dà la giusta **volontà e motivazione** per mettere in atto tutte quelle azioni fisiche e mentali che lo portano ad appagare la propria esigenza. Queste energie generano un **terzo elemento**: il **movimento**, che rappresenta la porta di congiunzione tra il mondo metafisico, (idee che sono il risultato del funzionamento neuronale ma che non hanno un corpo tangibile) e mondo fisico (idea, spinta dalla giusta quantità energetica di volontà e motivazione che prende corpo in un'azione e si concretizza in qualcosa di tangibile o per lo meno osservabile).

Questo dinamismo è presente nel mondo vegetale, in quello animale ed è elemento fondamentale di qualsiasi sistema di regolazione omeostatica. Così come un albero deve allungare le sue radici alla ricerca di sostanze nutritive e acqua, spinto da una necessità di queste, o il girasole deve ruotare tutta la sua struttura verso i raggi solari perché "sente" di averne bisogno, anche l'organismo umano ha una produzione di ormoni e neurotrasmettitori che abbassano la pressione arteriosa, solo dopo che questa è stata registrata a un valore definito "critico" o s'indossano abiti più pesanti o coperte di lana solo quando una parte del nostro talamo ha letto un abbassamento della temperatura corporea (eustress) attivando una risposta comportamentale somatica.

9. *Indici vocazionali alla sofferenza*

Questo fantastico meccanismo di autoregolazione che la natura ha donato, avviene anche nella gestione dell'energia emozionale o *tensione,* che come detto in precedenza, nasce come risultante dell'interazione del Verso e dell'Inverso. Affinché il sistema emotivo sia *Tonico*, e interagisca in maniera funzionale con il mondo esterno, riuscendo sempre a preservare quelli che sono i **Principi non negoziabili dell'Individuo**, questa Tensione, rapportata a un valore numerico quantitativo, deve rientrare in un valore ideale che oscilla dai quaranta ai sessanta. Questo valore rappresenta la differenza tra

Verso (immagine Reale) e inverso (immagine Ideale), coefficiente distonico funzionale distinguibile in due casi:

1. Il coefficiente del Verso è maggioritario a quello dell'inverso (es. 70-80 Verso e 20-30 Inverso, la differenza è un valore che rientra nel range "fisiologico" e cioè 40-60). In questo caso il dinamismo energetico in gioco è formato da quello che sono (70-80) e quello che vorrei essere (20-30) per i distonici dell'**essere**; mentre per i distonici dell'**avere**, la contrapposizione avviene tra quello che ho (70-80) e quello che vorrei avere (20-30). Il sistema mentale avrà la giusta *motivazione* a perseguire un obiettivo o oggetto di desiderio, proprio grazie a quella componente dell'inverso che spingerà alla realizzazione del sogno

per possedere quello che non si ha **(avere)** oppure diventare quello che non si è **(essere)**.

2. L'Inverso è maggioritario rispetto al Verso (es. verso 20-30, Inverso 70-80). Qui sarà in contrapposizione quello che sono (20-30) con quello che vorrei essere (70-80) per i distonici dell'**essere**; mentre per i distonici dell'**avere**, ciò che ho (20-30) con ciò che vorrei avere (70-80). Anche in questo caso la differenza tra questi valori rientra in un intervallo che va dai quaranta ai sessanta come valore assoluto. L'individuo avrà la *volontà* di aumentare il valore dell'immagine reale diventando quello che non è ma vorrebbe essere, oppure possedere quello che non ha ma vorrebbe avere.

In entrambi i casi, il sistema mentale dell'individuo avrà la giusta componente energetica che circolerà in una direzione lineare al suo esterno percependo una condizione di Felicità.

Il sistema mentale umano potrebbe definirsi perfetto perché cerca in tutti modi di rimanere entro certi range fisiologici di tensione emotiva, intervalli dove è possibile, essere felici; per natura l'uomo è sempre alla continua ricerca della felicità essendo essa il risultato di una condizione funzionale al sistema.

Nel caso in cui, questo valore distonico assumesse coefficienti maggiori o minori (sempre come valore assoluto) all'intervallo ideale che va dai quaranta ai sessanta ricadendo in una situazione disfunzionale, si delineano tre situazioni:

1. Il coefficiente distonico è uguale a zero, come risultato di un uguale valore tra il verso e l'inverso. Quello che è la mia realtà è esattamente come io vorrei che fosse. In questo caso manca totalmente il cosiddetto Eustress e il sistema non produce energia rappresentando una situazione ideale non compatibile con la vita.

2. Il coefficiente distonico è in un intervallo da uno a trentanove, cioè inferiore a quaranta. L'energia emozionale non è sufficiente a supportare un'azione o movimento significativo del soggetto che rimane "bloccato" nel problema, esprimendo una sorta d'immobilità e Apatia. Come tutti i processi neurologici, una risposta neuronale è possibile solo se

la stimolazione supera una soglia critica.

3. Il coefficiente supera il valore sessanta può andare da sessantuno a 100 secondo l'indice di tolleranza o **indice vocazionale alla sofferenza** che è strettamente soggettivo. Il valore energetico è tanto alto da richiamare l'intervento della componente logico razionale. Questa, infatti, avverte la suddetta tensione come ansiosa e, in un periodo variabile, mette in atto dei meccanismi di difesa con il solo scopo di riportare gli indici energetici entro valori accettabili e funzionali al sistema nella gestione della quotidianità. L'anzidetto dinamismo apre le porte alla degenerazione del problema, ci si prescrive il sintomo o somatizzazione (simbolo del surplus

energetico), per riportare il valore entro limiti accettabili per la gestione della quotidianità. In questo modo il sistema ridiventa funzionale, solo che è apparso come elemento compensativo energetico un sintomo fisico che può essere un dolore, una disfunzione oppure una cattiva gestione dell'emotività o del comportamento.

10. I Principi non negoziabili dell'individuo: Libertà, Sogno, Coscienza

Per comprendere meglio questo meccanismo mentale è necessario soffermarci e chiarire i principi non negoziabili dell'individuo che appaiono sapientemente citati nella definizione di felicità nelle discipline analogiche:

"la Felicità è perseguire i propri sogni in piena libertà e apposto con la propria coscienza".

Nella gestione della quotidianità e della relazione con l'ambiente, l'individuo si trova a rapportarsi con diversi elementi che possono, con modi e valori differenti, rappresentare un ostacolo o vincolo in qualche ambito della propria vita. Questa relazione entro certi livelli è del tutto fisiologica perché crea di risposta la giusta tonicità del sistema nel cercare in tutti i modi di superare quel vincolo che ne inibisce l'espressione. Tale dinamica avviene continuamente in diversi ambiti, tutti riconducibili a tre aree su cui esse si esprimono, in seguito definite "Principi". Esse sono la Libertà, il Sogno e la Coscienza, che nella loro relazione formano una struttura ternaria, che rappresenta il pilastro della mente dell'individuo che, a tutti i costi, va tutelato. Rappresentano esigenze innate, e ogni qual volta si riconosce in uno di questi tre principi un elemento vincolante, il sistema reagisce creando quell'energia propulsiva fisiologica alla vita stessa che è diretta al superamento del vincolo sopravvenuto. Solo in questo modo l'animo umano può manifestarsi. Vediamoli nel dettaglio:

Il principio di libertà è prerogativa dell'istanza logica e rappresenta la possibilità di esprimere se stesso in quanto individuo, strettamente legata alla capacità decisionale. E' parte integrante del processo d'identificazione e mira all'abbattimento di tutti gli ostacoli e vincoli che minano l'espressione. Nasce durante il processo d'identificazione in cui un bambino si allontana dalla podestà genitoriale, quando questo principio è vincolato oltremodo diventa un Problema di Libertà e nel dialogo con l'inconscio avremo come testimoni causa i genitori o antagonisti. L'energia funzionale che il dinamismo genera su questo punto rappresenta la Volontà che si genera quando l'individuo riconosce un testimone che ostacola la sua Libertà. Se questa tensione prodotta corrisponde al 30% dell'espansione massima della sua energia emozionale (che Freud definiva Libido e che per Benemeglio è data da circa un quarto dell'età), il sistema si trova in una situazione funzionale.

Il principio di Sogno è prerogativa dell'istanza Emotiva ed è la possibilità di conquista di un oggetto di desiderio, che sia esso idea, cosa o persona. Rappresenta la possibilità di dirigere quell'energia psichica verso un simbolo esterno facendo esprimere in questo modo l'istanza inconscia. Raffigura inoltre la conquista della libertà e si manifesta quando il bambino è al di fuori dal nucleo familiare ed entra in relazione con gli altri. L'energia che scaturisce dalla dinamica su questo principio è quella della Motivazione.

Il principio di Coscienza infine è strettamente legato alla riflessione, rappresenta la "consapevolezza" dei propri pregi e difetti, nonché limiti, ed è la componente mentale che riflette sulle conseguenze che potrebbero scaturire dalla tutela del principio di Sogno o di Libertà. Il suo fine ultimo è quello di difendere e tutelare la persona per non farla ricadere in situazioni di sofferenza passate. Questo principio è oltraggiato oltre misura, definendo un Problema di Coscienza, quando, in conseguenza al meccanismo di difesa della "scissione", c'è un aumento esagerato dell'istanza riflessiva a discapito della ragione simultaneamente alla rimozione del personaggio causa. L'Individuo s'identifica come causa dei suoi piccoli e grandi problemi ed è a questo punto che di solito compare una sintomatologia fisica, emotiva e/o comportamentale. Questa è alimentata da quell'energia psichica che, prima alla scissione, era direzionata verso un bersaglio esterno e che ora una volta rimosso, è direzionata verso se stessi. La rimozione del personaggio è un tentativo della parte logica di riportare la tensione emotiva (provocata dal bersaglio rimosso) entro valori funzionali.

Questo sistema ternario della mente umana, relaziona i propri elementi tra loro secondo regole ben precise, dove ogni principio interagisce con un altro avendo degli effetti sul terzo:

A. Dal dinamismo fisiologico, tra la conquista dell'oggetto di desiderio (sogno) e la riflessione sulle conseguenze che questo comporta (coscienza), nasce l'energia della Volontà come stimolo ad affermare la propria Libertà. Nel caso in cui gli indici non siano fisiologici, abbiamo

Apatia conseguente all'assenza di Volontà.

B. Dal dinamismo tra il desiderio di libertà e la riflessione data dalla coscienza, l'elemento energetico che si sviluppa è quello della Motivazione o Demotivazione nel caso in cui gli indici non siano funzionali.

C. Dall'interazione invece tra il desiderio di Libertà e la voglia di conquistare il proprio sogno, vi è il principio di coscienza, paragonabile al super-Io di Freud che rappresenta la consapevolezza del proprio sé e dei propri limiti. Questa, con valori funzionali, agisce attraverso il meccanismo di difesa della *Dissociazione,* in cui i due elementi del pensiero rappresentate da Ragione e Riflessione cooperano in modo fisiologico. Il sistema mentale identifica un Bersaglio Naturale come causa del problema, su cui dirigere l'energia psichica. In questo caso si ha la consapevolezza dell'impedimento del vincolo alla conquista del proprio oggetto di desiderio. La causa o il personaggio causa viene riconosciuto ed è possibile riflettere in modo funzionale per costruire la giusta strategia operativa che mi porti al superamento dell'ostacolo ed alla risoluzione del problema stesso. Nel caso in cui questa energia superi certi limiti, imposti dal coefficiente di sofferenza del tutto individuale, per meccanismo di difesa, avremo la *Scissione* del pensiero. Si entra nel problema di coscienza, dove una parte di quest'ultima sarà rimossa e andrà a "nutrire" quella che Benemeglio definisce l'Ombra.

Da questo si evince come la Volontà e Motivazione siano elementi imprescindibili per affrontare una qualsiasi situazione e che per vincere su qualsiasi prova che la vita ci offre, bisogna essere in equilibrio con se stessi e con la propria coscienza. Quando è quest'ultimo principio a essere intaccato, possono manifestarsi ansie, paure e disturbi fisici e comportamentali di vario titolo. L'inizio della degenerazione di qualsiasi problema dell'uomo, sta proprio nel meccanismo di scissione, che la mente attua per auto tutelarsi da sofferenze subite in passato e impresse nelle memorie emozionali.

NICOLA SACCHETTI

11. I meccanismi di difesa: Dissociazione e Scissione

Facciamo luce su questi dinamismi mentali, partendo dai due elementi della mente umana: la Ragione e la Riflessione. La prima rappresenta la presa d'atto di un problema da parte dell'io logico, come l'individuo prende consapevolezza di avere un determinato problema, o un'esigenza. La seconda rappresenta quell'insieme di processi mentali che si attivano quando, usando come strumento il pensiero, si analizzano i motivi, le ripercussioni e la strategia o soluzione da adottare per superare il problema stesso.

Normalmente queste due istanze cooperano, senza il prevalere di una rispetto all'altra, mantenendo, nella mente dell'individuo, la consapevolezza della causa o testimone causa di un determinato problema o esigenza. Questo fa in modo che sia ancora attivo il "bersaglio" verso cui dirigere l'energia psichica ed esplicitare il turbamento relativo. Questi testimoni (ormai simboli), potranno essere oggetti di desiderio se si tutela il principio del Sogno e quindi di Conquista; oppure Antagonisti (genitori o loro duplicanti) se il terreno su cui si gioca la partita è quello del principio di Libertà.

Nel momento in cui il valore Distonico, o l'energia che scaturisce da questa esigenza non appagata, supera valori vocazionali alla sofferenza, la mente, con unico fine di abbassare questa tensione energetica letta come ansiosa, attua il meccanismo di difesa della scissione, rottamando (rimuovendo) il personaggio. L'istanza logica "dimentica" il bersaglio verso cui precedentemente dirigeva l'energia psichica (del turbamento base ndr), illudendosi in questo modo, di rimuovere anche la sofferenza e quel pathos legato ad esso. Questo purtroppo non avviene, perché all'interno della mente umana sono presenti due memorie: emotiva e logico sequenziale. L'emotiva, (circuito di Papez) definita da un contenitore di energie emozionali completamente svincolate dalla situazione in cui sono state provate e dal bersaglio cui erano rivolte, concretizza, un'interpretazione totalmente soggettiva degli eventi della vita, perché improntata sulla percezione del reale che il soggetto ha avuto e di conseguenza ha tutt'oggi. Il secondo tipo di memoria racchiude tutti gli eventi, ponendoli in un sistema spazio tempo ben preciso all'interno delle esperienze che una persona vive durante la sua vita. Connota un'interpretazione della realtà di tipo Oggettivo. Questa descrizione è rappresentata pienamente dalla **legge della distorsione** " *La realtà è ineluttabile mentre la percezione è soggettiva*". C'è sempre una contrapposizione tra la realtà e la percezione che un individuo ha di essa.

Tornando al meccanismo della Scissione, come effetto ritroviamo la rimozione del Bersaglio dalla memoria logico sequenziale ma non il bagaglio emozionale legato a esso, che, "separandosi" dal personaggio causa, tornerà all'interno della memoria emotiva pronta per essere indirizzata contro se stesso. Il risultato naturale di questo meccanismo è la comparsa di una difficoltà nella gestione emotiva (ansia/angoscia se alla base c'era un problema di sogno) o comportamentale (paura /panico se deriva da un insulto alla sfera della Libertà).

L'individuo dopo la scissione, perde il *Corpo del dolore* che identifica e dà dignità al dolore stesso. L'energia rimossa va ad alimentare l'**Ombra,** riempiendo un contenitore energetico che alimenta somatizzazioni e/o malattie funzionali e organiche.

L'assioma Benemegliano *"Simbolo che lasci, Sintomo che trovi"* in maniera piuttosto semplice e intuitiva spiega come il sistema mentale una volta "rottamato" un simbolo, ha la necessità di dirigere il surplus energetico verso un bersaglio, identificato in se stesso, se l'individuo si auto attribuisce la colpa dei suoi piccoli e grandi problemi e non riesce a incorporare un simbolo esterno.

Perché l'Io logico decide di rimuovere un evento con relativo personaggio piuttosto che un altro? Qual è la *condizio sine qua non* affinché questo avvenga?

L'uomo per certi versi e fisiologicamente predisposto alla sofferenza, poiché essa per l'istanza emotiva rappresenta un *Nutrimento*. Solitamente ciò che innesca il meccanismo della scissione con una necessità di eliminare, dimenticare un evento o personaggio, è la situazione in cui si è chiamati a difendere la propria Dignità.

Sono tre gli aggettivi caratterizzano questo genere di eventi: *Umiliante, Vergognoso e Penoso*.

Il soggetto ha provato dolore e/o forte disagio associato a un importante avvilimento che ledendo la sua dignità, è diventato anche motivo di vergogna.

Una volta avvenuto questo meccanismo ci si trova nel *problema di Coscienza* caratterizzato dall'*aberrazione del pensiero*: il soggetto vede la realtà in modo alterato. Nel sistema mentale dell'individuo c'è un surplus energetico che non trova spazio per esprimersi e che va a condizionare la valutazione oggettiva della realtà.

Oltre che aberrante, il problema di coscienza è descritto come:

- *Invalidante:* si vive senza dubbio in una situazione d'invalidità perché riconoscendosi come causa principale del problema, l'individuo tende a delegare ad altri la soluzione delle sue piccole e grandi questioni perdendo così il ruolo di protagonista nella sua vita.

- *Alienate*: la persona non riesce più a definirsi e riconoscersi, quantomeno ad accettarsi, appare come estranea alla sua attività psichica interna e questo comporta una sorta di *depersonalizzazione.*

- *Generalizzazione:* questa forse la caratteristica più palese, perché non essendoci più il bersaglio naturale, il soggetto tende a generalizzare quando parla dei suoi piccoli e grandi problemi facendo sempre di tutta l'erba un fascio.

"Diffida di chiunque nella tua vita, a non diffidare MAI di te stesso, perché solo tu sei e sarai la soluzione ai tuoi piccoli e grandi problemi".

Durante le sedute di ristrutturazione emotiva si va a ricongiungere l'emotività rimossa, presente nell'ombra al suo bersaglio naturale, ripristinando così il cordone spezzato. Questo provoca un duplice effetto, da un lato fa rientrare l'individuo in un problema di tipo ordinario e dall'altro lo rende partecipe e protagonista alla soluzione dei suoi problemi.

12. L'Offesa alla Dignità Umana

Per dignità s'intende il rispetto del valore che un individuo ha di se stesso perché essere umano, deve essere tutelata e salvaguardata da se stesso e difesa dagli altri all'interno delle dinamiche sociali. In un'allegoria del XVI secolo di Giuseppe Cesari, la dignità era rappresentata come un peso da portare, intesa come un dovere poiché la sua compromissione andrebbe a sgretolare quella che è l'essenza dell'individuo.

Si può parlare di Individuo solo quando è avvenuto un processo d'identificazione, dinamica mentale che porta all'autoaffermazione e alla separazione dal nucleo genitoriale. L'essere umano, a un certo punto della propria vita, sente il bisogno di affermare la sua identità e palesare la sua individualità. Il suddetto dinamismo esprime una necessità innata, quella di distaccarsi dal genitore. Quest'ultimo, infatti, è servito durante la fase di maturazione dell'Io con i processi d'identificazione, però a un certo punto, quando i tempi e il sistema risulta maturo, il bambino prende le distanze dal genitore e soprattutto da quelli che reputa siano i suoi difetti. Rimarrà dentro di lui la costante paura di averli acquisiti (timore naturale che deriva da anni d'identificazione). Sarà la non accettazione di queste imperfezioni a condizionare il comportamento dell'individuo, che, emulerà il genitore per ricelebrare e dare energia al sistema emotivo.

L'inizio di questa dinamica avviene attraverso l'*Atto di Ribellione*, che rappresenta l'azione fatta contro il pensiero genitoriale per svincolarsi dalla sua podestà, affermando la propria personalità. Di contro il genitore, reduce delle sue esperienze e sofferenze passate, metterà in guardia il figlio, emettendo dei veri e propri presagi. Questi, concretandosi in delle profezie nel sistema mentale del figlio, rispecchiano il vissuto del genitore stesso che, come atto d'amore, cerca di proteggere il figlio dalle sue stesse sofferenze. L'unico vero grande problema è che il genitore è ignaro del proprio potere e della capacità penetrativa che ha nella mente dei figli. Le "raccomandazioni" modelleranno il *Pensiero Dominante*, FILTRO con cui un individuo legge la realtà e gli eventi che lo circondano.

Quando un genitore emette una profezia, sta costruendo un monitor attraverso cui suo figlio vedrà il mondo.

Stefano Benemeglio ha identificato **tre** presagi che condizionano la chiave di lettura dell'individuo:

1. Presagio d'*impedimento*: il genitore nel mettere in guardia il proprio figlio/a dice o lascia intendere che ci sarà sempre qualcosa o qualcuno che impedirà la conquista dell'oggetto di desiderio, sia esso idea cosa o persona.

2. Presagio d'*incapacità*: il genitore fa sentire il figlio/a incapace a ottenere o gestire il proprio oggetto di desiderio.

3. Presagio di *sventura*: il messaggio registrato dal sistema mentale del bambino è quello che ci sarà sempre una serie di eventi sfortunati che

faranno in modo che egli non conquisti il proprio oggetto di desiderio.

Importante rilevare che il pensiero dominante si crea nella mente dell'individuo in maniera del tutto soggettiva. Il genitore può esprimere verbalmente o con il proprio comportamento questi tipi di presagi, sarà il bambino a "leggere" mettendo assieme una serie d'informazioni nel tempo.

Il grado di Aberrazione del pensiero o degenerazione del problema, gli farà indossare un filtro piuttosto che un altro. Un genitore potrà predisporre verso determinate direzioni piuttosto che altre. Obiettivo delle sedute riequilibrio emozionale è anche quello di agire sul pensiero sostituendo una chiave di lettura del reale aberrante con una più funzionale, che dia la possibilità all'individuo di attuare la giusta strategia operativa per uscire da un problema in cui si è impantanato.

Indispensabile appare decomprimere i sigilli, che sostengono e nutrono energeticamente l'aberrazione del pensiero.

Il grande *potere* genitoriale, tale da poter influenzare le menti dei propri figli, deriva dall'enorme potenziale che tutti noi gli attribuiamo come atto di "riconoscenza" verso coloro i quali ci hanno donato la vita.

Nonostante la dimostrazione continua della propria diversità e individualità, il sistema emotivo del figlio renderà significativi e importanti tutti gli eventi fallimentari che conclamano la profezia genitoriale in una sorta di celebrazione e gratitudine inconscia verso chi ci ha generati. Potremmo avere successo diverse volte, ma ci fermeremo là, dove fallendo, abbiamo pensato "mamma o papà aveva ragione".

L'atto di ribellione lo giudichiamo fallimentare e diamo origine alla nostra **crisi d'Identità** che ci guiderà verso la consapevolezza dei nostri **DIFETTI**.

Siamo pronti per identificarci nei nostri pregi e difetti, dopo averli riconosciuti, possiamo ora portare a termine il passaggio nella *tipologia Egocentrica che rappresenta l'ultima tappa di evolutiva del normale sviluppo del sistema emozionale di ogni individuo.*

Ricapitolando le varie fasi in successione sono:

- Conflitto Genitoriale
- Profezia Genitoriale
- Dubbio Profetico
- Crisi D' Identità
- Atto di Ribellione Fallito
- Consapevolezza del Difetto

Alla fine di questo processo, l'individuo, consapevole della sua mancanza, attuerà un meccanismo di difesa inconscio con l'intento di coprire questo suo lato "difettoso".

Vorrei rilevare che questa dinamica è funzionale e imprescindibile al processo di formazione d'identità dell'individuo che andrà a mettersi in gioco proprio negli ambiti in cui reputa difettoso il proprio genitore.

"Temerai di avere vizi e difetti comportamentali del genitore del tuo stesso sesso, così come temerai di legarti emotivamente a una persona con gli stessi vizi e difetti comportamentali del tuo genitore dell'altro sesso".

Tutto quello spiegato in precedenza, si racchiude benissimo in questo illuminante assioma Benegliano che con il verbo "temerai" implica una *paura*. Essendo questa molto ipnotica (ricordiamo l'amigdala) suggestionerà l'individuo a un eterno Dubbio. Per tutta la vita cercherà di dimostrare il contrario creando situazioni per affermare la sua identità e dimostrando, a se stesso e agli altri, la sua disuguaglianza dal genitore.

Purtroppo questa partita messa in piedi, finirà con una sconfitta o meglio l'individuo renderà rilevanti solo le sconfitte. Questo per due motivi: il primo riguarda la Paura che da agente ipnotico "attirerà" sempre le medesime realtà, rammentiamo che è un attivatore di quelle aree del cervello dove sono insediate le memorie emotive passate che richiedono essere rivissute; il secondo motivo è rappresentato da quel senso di gratitudine infinito che nutriamo nei confronti dei nostri genitori. Essi rappresentano per noi un simbolo troppo grande da andare a scardinare o semplicemente intaccare e grazie a questo permettiamo loro di influenzare il nostro sistema mentale e la nostra identità.

Anche questa influenza, seppur funzionale, rappresenta uno stress che perturba la tranquillità del sistema. Entro gli indici di tolleranza sarà vissuto come *eustress*, provocando una risposta positiva di affermazione che produrrà un'evoluzione nella vita del soggetto. Oltre tali indici sarà letto come *di-stress,* situazione disfunzionale se blocca l'azione e la relativa espressione individuale.

Descriviamo un dinamismo ternario, che vede **l'individualità,** conseguente alla crisi d'identità, come risultato della contrapposizione di due elementi:

1. La **profezia genitoriale**, che rappresenta un *pregiudizio* inculcato dal genitore nella mente

dell'individuo, è un atto d'amore per evitare sofferenze da *lui* vissute e non ancora risolte. Il genitore a sua volta vive un **suo presente emotivo** ed ha un proprio pensiero dominante.

2. **L'atto di ribellione**, rappresenta un motivo di *orgoglio* dell'individuo, che lo attua nel continuo tentativo di confutare la profezia genitoriale, volendo dimostrare a se stesso e agli altri la sua individualità.

Tutto questo appena descritto rappresenta il *livello base* della formazione del problema e rispecchia l'imprinting emozionale avvenuto nel ***turbamento base.***

13. Offesa alla dignità
Maschio/Uomo, Femmina/Donna

Una volta fallito l'atto di ribellione per l'ennesima volta, avviene la consapevolezza di un difetto e inconsciamente ci s'identifica col genitore dello stesso sesso acquisendone le imperfezioni. Questo è frutto di diverse prove che siamo stati chiamati ad affrontare, in diversi ambiti della propria vita. Vediamo ora in che ambito abbiamo provato a dimostrare la nostra individualità rispetto ai genitori e dove ci siamo messi in discussione. Cerchiamo di rispondere alla domanda:

Dove abbiamo lottato per affermare noi stessi?

La risposta è: *lì dove abbiamo ritenuto difettoso il genitore.*

Spieghiamoci meglio:

Un individuo esprime al mondo quello che è il risultato funzionale delle due istanze del suo sistema mentale e si manifesta in quanto UOMO/DONNA oppure MASCHIO/FEMMINA. Il primo rappresenta il Ruolo che egli ricopre ed è legato all'istanza logica che, si esprime attraverso il potere decisionale (che il ruolo richiede). Il secondo rappresenta l'ambito più arcaico e quello della conquista, la capacità di attirare e ottenere ciò che è identificato come oggetto di desiderio. Naturalmente quest'aspetto è governato dalla componente emotiva (inconscio) e si esprime attraverso la motivazione, l'entusiasmo e la progettualità.

Durante il processo mentale della crisi d'identità, l'individuo andrà a cimentarsi nelle aree dove ritiene il suo genitore carente o difettoso, acquisendo così, dopo l'atto di ribellione fallito, la consapevolezza del difetto o come maschio o come uomo, in caso di soggetto maschile, oppure come donna o femmina in caso di soggetto femminile.

Ci sarà un meccanismo di difesa (maschera) che tenterà a tutti i costi di nascondere detta mancanza andando a potenziare (almeno esternamente) l'altra area di espressione dell'individuo.

Andando a porre il prefisso IPO per il difetto e SUPER per la maschera, un soggetto che si sentirà *ipomaschio /ipofemmina* apparirà agli altri *superuomo / super donna*; mentre un soggetto *ipouomo /ipodonna* apparirà all'esterno come *supermaschio /superfemmina*. I primi avranno il difetto nella capacità di conquista e i secondi nel potere decisionale. Nelle relazioni di coppia si tenderà a cercare un partner che vada a sopperire la mancanza, ed è cosi che l'uomo di successo (ipomaschio/superuomo) si lega emotivamente alla segretaria formosa e attraente (ipodonna/super femmina) e il contrario. Il grado di difetto auto attribuito si esprime attraverso delle caratteristiche:

- È direttamente proporzionale al grado di maschera che l'individuo indossa per nascondere l'inefficienza (es. sarò tanto superuomo quanto mi sento ipomaschio.)

- È direttamente proporzionale al grado di difficoltà che un individuo deve superare per raggiungere un obiettivo (vedrò davanti a me tanta difficoltà quanto è la consapevolezza del mio difetto *"la sofferenza è direttamente proporzionale all'assenza del piacere"*).

- La parte emotiva tende a "non giustificare" il torto ricevuto per la dignità di Maschio/Femmina perché questa sfera rappresenta la conquista del sogno che è obiettivo primario dell'inconscio stesso, mentre può giustificare l'offesa come Uomo/Donna.

- La componente logica di contro, tende a "non giustificare" i torti ricevuti per la dignità di Uomo/Donna, essendo questa espressione di *ruolo* conseguente a un processo d'identificazione gestito dall'Io cosciente. Un insulto, in quest'area, di solito, produce reattività da parte del sistema mentale. Sempre questa stessa istanza può giustificare, invece, le offese alla dignità come Maschio/Femmina dandogli una giustificazione logico razionale

L'identità dell'individuo racchiude in se il difetto che si è consapevolizzato dopo un lungo processo fatto di esperienze di vita con energie psichiche mosse non di poco conto. Non si può biasimare il sistema mentale, se in caso di offesa alla dignità come uomo/maschio o come donna/femmina, per tutelarsi, attua il meccanismo di scissione cercando di rottammare il personaggio causa, con i meccanismi sopra esposti. L'Io cosciente cerca di evitare lo sgretolamento dell'identità, fatto della consapevolezza dei suoi pregi e difetti e di tutti quegli eventi, richiamati in senso logico sequenziale, che lo hanno portato alla costruzione di quello che è il suo essere. Il meccanismo di difesa attuato dall'Io logico sarebbe perfetto se solo prendesse anche in considerazione la componente energetica (emotiva), che, non avendo più un simbolo cui essere associato, rimane energia libera e torna nel cosiddetto turbamento base. Questa energia è come una bomba pronta a esplodere purché "lanciata" e proiettata verso un simbolo esterno per esprimere il sistema energetico (magari sbagliato e/o patologico). Tutto questo per la necessità che il sistema ha di decomprimersi ed esprimere se stessi nel bene o nel male. Richiamando le "pillole" di neuroscienze enunciate nel primo capitolo, tale energia rimane all'interno delle aree del circuito di Papez nel cervello mammaliano di MacLean. L'intensa attività neuronale ha la necessità di trasferirsi verso la corteccia, andando a generare un'azione cosciente, espressione di un adattamento somatico. È ormai appurato che qualsiasi azione logica che apparentemente è progettata dalle zone della corteccia celebrale, è sempre pre stimolata da nuclei più profondi, deputate alla gestione di energie emozionali, in altre parole, non esistono azioni o decisioni prese che non richiamino un'area emozionale

14. Il Guardiano di Porta e il Mastro di Chiavi

Il Guardiano di Porta e il Mastro di Chiavi esprimono i simboli per eccellenza del sistema mentale. All'interno delle Discipline Analogiche Benemegliane sono stati dati questi nomi che, seppur in prima battuta potrebbero sembrare stravaganti, con una riflessione più accurata, esprimono già il cinquanta percento del concetto che vogliono rappresentare. Sono dei bersagli esterni all'individuo che possono prendere le sembianze di idee cose o persone. Essi concretizzano una energia psichica interna permettendone il defluire, assumendone il ruolo di bersaglio. Questo avviene sia in condizioni di normalità che in condizioni di Abberrazione dove la prevalenza di una istanza rispetto all'altra porta ad uno sbilanciamento dell'equilibrio del sistema mentale, "soffocando" l'istanza minoritaria. Questo meccanismo avviene per un processo simil osmotico, dove nel momento in cui una delle due energie psichiche non viene proiettata all'esterno, l'altra si fa più forte sostituendosi alla prima. Normalmente, le due energie dovrebbero prodursi ed esprimersi con coefficienti del trenta per cento di superiorità dell'una rispetto all'altra, in una sorta di *danza energetica dinamica.* In un'alternanza di compressione e decompressione di *Pathos e Reattività* dove viene generato il giusto **tono**, ad un sistema, che per sua natura mira al continuo appagamento e rigenerazione di una esigenza.

Il fine ultimo, a seconda delle necessità interne dell'individuo, alla determinata area di espressione e all'espansione energetica emozionale, è quello di superare gli ostacoli e perseguire il proprio sogno. Solo così il sistema svilupperà la corretta volontà e la giusta motivazione per esprimere la libertà di scegliere e conquistare l'oggetto di desiderio.

Quest'ultimo incarna il sogno e rappresenta qualunque cosa il sistema mentale dell'individuo desidera, o necessita. Rappresenta un simbolo su cui l'individuo proietta l'energia del proprio turbamento base per istituire il proprio turbamento relativo e può prendere le sembianze di un Guardiano di Porta o di un mastro di chiavi a seconda se rispecchia le necessità di espressione della componente logico razionale o di quella emotiva. Come abbiamo già detto, può assumere diverse forme (l'ideale politico, la salute, il benessere, la moglie, la sigaretta, l'uguaglianza ecc.), purché diriga l'uomo a proiettare la propria vita e il proprio tempo verso di essa.

Il tempo è un elemento fondamentale poiché appare direttamente proporzionale alla quantità di energia che l'individuo proietta su quel simbolo.

Facendo alcuni esempi, si prendano in considerazione due soggetti che proiettano sulla corsa, intesa come attività sportiva: un individuo corre con scarsa costanza una volte a settimana, il secondo corre tutti i giorni e partecipa alle più importanti maratone in giro per il mondo, pronto ad acquistare l'ultimo capo di abbigliamento o attrezzatura tecnica prodotta per quel tipo di sport. Il secondo individuo proietta una quantità energetica maggiore sullo stesso simbolo. Quest'atteggiamento va ad alimentare la **funzione energetica del simbolo** stesso (dal soggetto al simbolo, il soggetto con il comportamento va ad aumentare il valore del simbolo stesso e della sua esigenza), ma anche la **funzione espletativa** (dal simbolo al soggetto, in cui la persona va ad appagare l'esigenza emotiva con il proprio comportamento verso il simbolo).

Un altro esempio potrebbe essere il simbolo incarnato in un oggetto, quale la sigaretta, la macchina, la casa, la moto. Ancora il bersaglio spesso è impersonato dal capoufficio, dall'amante, fratello, amico ecc.

Sarà il comportamento espresso dall'individuo e quindi l'azione o non azione ad alimentare e/o destabilizzare il simbolo; caricarlo o scaricarlo nelle sue funzioni energetiche o espletative. D'altro canto il comportamento del simbolo richiama nel sistema mentale del soggetto esigenze già vissute nel turbamento base e dando l'illusione di un appagamento con un turbamento relativo. Assumiamo e manteniamo il ruolo di simbolo quando con il nostro comportamento, più o meno consapevole, andiamo a riprodurre caratteristiche di un Mastro di Chiavi (aspetti trasgressivi) o di un Guardiano di porta (aspetti istituzionali), secondo gli indici che vanno a soddisfare le esigenze del nostro interlocutore. Ci viene riconosciuto del potenziale poiché il suo inconscio ci valuta come un elemento imprescindibile per la sua espressione emotiva.

Entriamo ora nel dettaglio cercando di capire le dinamiche intrinseche del sistema simbolico. Vedremo come la dinamica ternaria è onnipresente e andremo a definire meglio il Guardiano di Porta e il Mastro di Chiavi e il loro ruolo nella vita di ogni individuo.

La triade naturale è espressa attraverso i simboli in diversi dinamismi: in primis tutti i simboli che incontriamo nella nostra vita sono duplicanti dei *tre* simboli significativi/matrice rappresentati da **MAMMA, PAPA', EGO.** Tutti gli altri si ritrovano nelle diverse aree della vita e raffigurano i *tre* punti distonici del sogno, rispettivamente: ***gestione dei rapporti sentimentali e affettivi, gestione della sfera sessuale e passionale, autorealizzazione personale e professionale.***

Il simbolo stesso presenta un ***aspetto tridimensionale***, andando a costituire **tre** dimensioni:

- Dimensione di condensazione *(Stimolatore):*

Formata dall'immagine **reale**, rappresenta l'oggetto che è stato identificato simbolo. Comunica attraverso la comunicazione verbale. Per esempio una persona di nome Federica.

- Dimensione di sintesi *(Alimentatore)*:

Rappresenta la pulsione che il simbolo genera nel soggetto, il desiderio di Federica (che alimenta l'immagine ideale) o il possesso di Federica (che alimenta l'immagine reale); in questa dimensione è presente il dinamismo energetico. **La distonia generata tra desiderio e possesso andrà a definire nella dimensione di condensazione il potenziale ipnotico del simbolo.** Comunica attraverso il simbolismo.

- Dimensione nucleare *(Egemone)*:

Rappresenta i dinamismi base che si attivano nell'individuo che entra in contatto con il simbolo (Federica). Questi sono *incorporazione e proiezione* (compiute dall'inconscio, vanno a caricare il desiderio, immagino e penso a Federica), *identificazione e destabilizzazione* (prettamente logico vanno a caricare il possesso, esco e cerco di passare del tempo con Federica). In questa dimensione abbiamo l'immagine **ideale**. Comunica con la comunicazione non verbale.

Una fonte di stimolazione esterna agisce inizialmente nella dimensione nucleare creando un dinamismo nelle due istanze dell'individuo; in seguito passa nella dimensione di sintesi in cui l'individuo avverte le prime pulsioni di desiderio o possesso. Se le stimolazioni continuano, passa nella dimensione di condensazione, in cui tutte le pulsioni sono condensate nella fonte di stimolazione e questa diventa simbolo. L'individuo lo riconosce anche a livello logico (s'innamora di Federica). Il processo non è statico e un simbolo dalla dimensione di condensazione può essere rimosso e rottamato.

Lo stesso simbolo (Federica) può essere visto come Mastro di Chiavi o come Guardiano di porta secondo il tipo di energia che la persona gli proietta contro e che ha bisogno di dirigere.

Il **Guardiano di Porta** rappresentato da un'immagine di signora anziana seduta su di una sedia davanti ad un portone, accesso alle emozioni dell'inconscio. L'ombra della signora, proiettata per terra, descrive la sagoma di un soldato che stringe in una mano un mitra. La funzione di questo simbolo è di non far aprire quella porta. Il G. di P. è gestito dall'**istanza logica** e segue tutte le caratteristiche di quest'ultima, rifiuta a tutti i costi, la tensione emotiva leggendola come ansiosa, andando in allarme non appena questa supera il limite della coscienza e mette in atto tutti quei meccanismi di difesa con l'intento di abbatterla. L'energia da cui è alimentato il simbolo è la reattività (vedi mitra), che incorpora il codice etico genitoriale, quel codice di comportamento morale che i genitori hanno tentato di inculcare con la loro "educazione" e cui ci si riferisce quando si è chiamati a distinguere tra quello che va fatto e no. Si pone nel passato dell'individuo (da zero alla metà degli anni nella *time-line benemegliana*) e raffigura la solida certezza, **l'istituzione** dell'individuo, in altre parole i suoi genitori che hanno rappresentato il punto fermo di riferimento nella crescita. Il

G. di P. rappresenta sempre quella parte del sistema mentale dell'individuo che cerca di mantenere le *acque quiete*. Nella gestione di un problema, fa in modo che l'individuo non entra in contatto con il problema stesso demotivandolo a proseguire e a cambiare (questo avviene in una situazione disfunzionale in cui l'individuo fa un vero e proprio patto scellerato con il G. di P.). Allo stesso tempo, permette di fare una scelta quando, superata la fase di valutazione, è chiamato a scegliere la strategia da adottare. Occorre precisare che l'istituzionalità è assolutamente soggettiva e che un'idea, cosa o persona, può essere trasgressiva per alcuni e istituzionale per altri. Questo vale anche per il soggetto più anticonformista rispetto ai canoni sociali in cui vive, ognuno è sempre istituzionale per se stesso.

Un simbolo trasgressivo una volta introiettato diventa anch'esso istituzionale.

Il **Mastro di Chiavi** è raffigurato da un uomo muscoloso a petto nudo che sta costruendo una chiave. Rappresenta la **trasgressione,** e il suo intento è creare la giusta chiave per andare ad aprire quella porta così gelosamente protetta dal Guardiano di Porta. Una volta aperta troverà del *cibo* che si materializza ogni qualvolta l'individuo prova delle tensioni o emozioni, siano queste positive o negative. L'aspetto qualitativo è una caratteristica solamente della componente logica, l'*Istanza emotiva* cui fa capo il Mastro di Chiavi da un'accezione solo di carattere quantitativo, rifiutandola una volta raggiunto l'appagamento. Il M. di C., attraverso la trasgressione, s'incarna nel **codice etico personale**, codice che l'individuo crea per affermare la propria identità dopo lo strappo fisiologico con il genitore (anche attraverso l'Atto di Ribellione); si colloca nel suo futuro (dalla metà degli anni fino al presente nella *time-line* benemegliana) identificandosi con le persone con cui entra in contatto, una volta acquisita la sua identità, al di fuori del suo nucleo familiare. Nella gestione di un problema rappresenta quella parte del sistema mentale dell'individuo che lo spinge a osare, provare e mettersi in relazione con il problema stesso, lo conduce al cambiamento. Cosi facendo vi è un aumento di tensione emotiva di cui si nutre, alimentando il sistema che altrimenti morirebbe. In condizione aberrante, il M. di C. può bloccare l'individuo nell'eterno accertamento, causando un blocco decisionale e di scelta utile alla risoluzione del problema. Avviene quando c'è una carenza della componente del Guardiano di Porta e l'individuo tende a stringere patti deleteri con il mastro di chiavi che, a sua volta, comprime e occupa lo spazio energetico dell'altra istanza.

Entrambe le istanze aiutano, se giustamente ed equamente alternate, a creare il dinamismo mentale fisiologico fondamentale nella gestione dei problemi. Condizionano e s'interfacciano quando l'individuo, per l'inevitabile gioco della vita, è colpito nei *principi non negoziabili, Libertà, Sogno e Coscienza, che si evolvono nei rispettivi Problemi.*

Il Mastro di Chiavi e il Guardiano di Porta, contrapponendosi, generano energia alimentando e mantenendo il problema all'interno dei seguenti **Sistemi Ternari***:*

- Nel problema di Libertà, i Testimoni sono rappresentati dai genitori e che definiscono il Turbamento Base, si noti la contrapposizione tra il codice etico genitoriale (GP) che inibisce la trasgressione creando degli scrupoli di coscienza, e il codice etico personale (MC) che cercherà il sogno e l'affermazione della propria identità inibendo gli scrupoli di coscienza.

- Nel problema di Sogno, i testimoni sono gli altri. Il Mastro di Chiavi (codice etico personale) bloccherà gli scrupoli di Coscienza a favore della libertà dal codice etico genitoriale che invece (rappresentato dal Guardiano di Porta) bloccherà la Libertà aumentando gli scrupoli di Coscienza.

- Nel problema di Coscienza con testimone se stesso, il Mastro di Chiavi, rappresentante del codice etico personale, favorirà il Sogno a discapito della Libertà, in contrapposizione con il codice etico genitoriale (GP) che bloccherà il Sogno in favore della Libertà.

15. Il turbamento Base e il Turbamento Relativo

Che cosa esprima, effettivamente, il Turbamento Base e il Turbamento Relativo è un concetto formatosi nella mia mente pian piano, nell'arco di tutto il tempo dedicato allo studio delle Discipline Analogiche. Questa idea o immagine è divenuta più chiara durante l'ultima Masterclass di Stefano Benemeglio, in cui ha paragonato il TB e il TR, rispettivamente, alla Morte e alla Vita.

Il Turbamento Base rappresenta l'Imprinting emozionale che ciascun individuo possiede sin dai primi anni di vita. E' l'insieme di tutte quelle emozioni che le varie distonie, generate dalla contrapposizione del verso e dell'inverso, hanno creato, tarando il sistema emozionale dell'individuo. Da questo momento in poi l'istanza emotiva ha iniziato a relazionarsi con l'ambiente esterno, "a braccetto" con l'istanza logica. Appare come processo di lunga durata, non avviene in poco tempo o da un giorno all'altro, perché il sistema essendo dinamico, ha bisogno di accumulare diverse esperienze per poter "scegliere" quelle cui "agganciarsi" maggiormente. Allo steso modo, la dinamica emotiva maggioritaria potrebbe fissarsi internamente al sistema nervoso creando un vero e proprio calco (una sorta di corsia preferenziale fatta di circuiti neuronali con relative sinapsi di associazione delle diverse aree). Queste vie nervose si attivano ogni qual volta il sistema è chiamato a rispondere a delle sollecitazioni che stimolano le aree stesse. In questo modo si esprime la dinamica emotivo comportamentale che ha caratterizzato la quotidianità familiare e che rappresenta l'insieme di Imput ambientali che hanno "plasmato" tutto il nostro sistema nervoso. Benemeglio ha associato il primo TB alla morte, o meglio, alla paura della morte, che si genera istantaneamente come l'altra faccia della medaglia, nel momento in cui veniamo in vita. Considerando che, per ogni verso c'è sempre l'inverso, nel momento in cui un bambino nasce, abbraccia la vita, automaticamente nel suo sistema mentale si crea l'opposto, la non vita e quindi la morte. Lowen (padre della Bioenergetica, approccio psicoanalitico incentrato sul corpo), in una delle sue ultime interviste, esprimeva appunto il concetto sopra citato: un bambino già da piccolo avverte la paura di morire ogni qual volta si sente rifiutato dai genitori e ogni volta che questi intervengono in un atto educativo (parte logica). La coercizione al rispetto delle regole sociali è vissuta dal bambino come un'oppressione della naturale essenza del bambino, ontologicamente emozionale. Questa coercizione certamente abbatte la vitalità caratteristica dei primi anni di vita ed è subita come una non possibilità di esprimere la vita stessa. L'insieme degli atti educativi andrà pian piano a formare il codice etico genitoriale che prenderà corpo con l'istanza logico razionale man mano che il bambino cresce.

Lowen ha associato in modo indissolubile, l'inconscio al corpo (essendo quest'ultimo governato nel suo funzionamento dalla parte del sistema nervoso non cosciente, R-complex e neomammaliano) identificando specifiche posture e blocchi fisici con specifiche chiusure di carattere emotivo.

Dando caratteristiche di movimento e apertura al concetto di vita e salute, vediamo che la patologia e la morte sono caratterizzate da fissità, chiusura e mancanza di movimento. La morte, o la paura di morire, si manifesta con *assenza di respiro* e di movimento all'interno delle varie strutture muscolo scheletriche e/o viscerali del corpo umano.

Il respiro rappresenta per l'uomo il movimento che lo lega alla vita stessa ed è l'unico atto viscerale con un doppio tipo d'innervazione: automatico, gestito dalla parte non cosciente (cervello rettiliano); ed anche volontario, la natura ha fornito la possibilità di interferire coscientemente nella respirazione bloccandola, (entro certi limiti), con la nostra parte cosciente e con l'io razionale.

Il respiro crea un importante porta tra l'io logico e l'emotività: a tal proposito, si spiega come, in diverse discipline terapeutiche, l'uomo nelle sue pratiche di riequilibrio psico emotivo ha sempre riconosciuto l'importanza di una respirazione cosciente e controllata come mezzo di apertura al sistema emotivo, coinvolgendolo nel processo di riequilibrio. Secondo il pensiero di Lowen, inoltre, ogni qual volta si vincola un bambino a compiere un'azione, lo si blocca nella sua vitalità riportandolo verso la paura della morte. Con l'educazione e le regole che sono imposte (che sono importanti perché lo aiuteranno a vivere in una società strutturata), viene meno l'azione spinta da un'esigenza emotiva e quindi l'espressione della vita a vantaggio della morte.

Un bambino fino ai sette anni circa è un sistema mentale prevalentemente emozionale, non ha ancora ben sviluppato la componente logico razionale manifestando le sue emozioni in modo smisurato. E' privo di regole e soddisfa solo le proprie esigenze, interagendo con il mondo esterno, tra l'identificazione di un bisogno e il vincolo del suo appagamento. In ampia scala questo meccanismo è paragonabile oggi al tempo che corre tra il TB e il TR del soggetto, definito nelle Discipline Analogiche come il *presente emozionale* dell'individuo. Il TR è un tentativo di appagamento per un'esigenza creata nel TB e il tempo che intercorre tra di essi, rappresenta il *modus operandi emotivo* dell'individuo. Questo tentativo non appaga completamente l'esigenza del TB essendo, questo, un serbatoio energetico in continua autoproduzione; ha come obiettivo semplicemente quello di canalizzare tale energia per l'espressione di un sistema, quello emozionale, identificato come motore della vita stessa. Attraverso la consapevolezza di queste dinamiche, una volta riequilibrati i nostri conflitti, è possibile dirigere l'infinito serbatoio energetico verso un obiettivo logico, possedendo una marcia in più nel perseguire l'oggetto di desiderio. Conoscendo queste dinamiche, l'inconscio diviene un alleato che presta la propria energia psichica per il raggiungimento della meta fissata.

Fisiologicamente il tempo di espressione di un'emozione, che trova il suo culmine con il TR, è uguale all'energia emozionale (o libido tanto cara a Freud). Il suo tempo di espansione all'interno della vita in condizioni fisiologiche è calcolato come un quarto dell'età. Grazie a questo, nella costruzione della *time-line* dell'individuo è possibile identificare altri avvenimenti non emersi o prevedere eventi futuri di manifestazione di un altro TR, fisiologico per l'inconscio che si rigenera, ma potenzialmente patologico per l'Io logico che riconosce il sintomo o la cattiva gestione comportamentale o emotiva.

Il TB è un serbatoio di emozioni, o di energia psichica più precisamente, che non ha ancora dei simboli su cui proiettarsi o dirigersi. È identificato dall'io logico come *Dolore*, stato d'animo assoluto non spiegabile e percepibile da ciascun individuo; è il risultato della paura della morte creato in concomitanza alla formazione dell'istanza logica, del codice etico genitoriale, di tutte quelle regole e quei paletti che il sistema ci ha imposto rendendoci parte integrante di esso e facilitando l'espressione della libertà. Citando il prof. D'Acunto, in merito all'esistenza della libertà in una delle sue affascinanti lezioni di filosofia: *"Un treno è libero di andare avanti e indietro, ma sempre sui suoi binari, la libertà senza vincoli diventa autodistruzione".*

Cos'è dunque il turbamento relativo?

Il turbamento Relativo di contro è il risultato della proiezione del Dolore Primordiale. Riconosce un simbolo verso cui dirigersi, e una sua parte si proietta all'esterno tramite dinamiche energetiche del simbolo. Può rappresentare la conclamazione dell'interazione dell'individuo con il mondo esterno, che si "muove verso" un qualcosa che sia idea, cosa o persona lasciando una situazione di staticità per entrare in una dinamicità. Rende possibile la vita dell'individuo nella relazione con il proprio Oggetto di desiderio allontanandosi dalla morte.

"Nel momento in cui viviamo il nostro TR, sentiamo la sofferenza che questo ci può aver provocato e attraverso tale sofferenza

abbiamo la possibilità di incontrare la gioia".
Cit. Stefano Benemeglio.

Attraverso il TR, se i coefficienti sono rispettati, la nostra energia defluisce fisiologicamente, permettendo all'animo umano di esprimersi. Con il TR, ogni qual volta ci segue l'intuito, i sogni, esprimendo creatività, l'inconscio ha la possibilità di manifestarsi compiendo azioni attraverso la nostra corporeità. L'individuo diviene il tramite con cui Dio esprime la sua totalità sulla terra. La citazione biblica secondo cui l'uomo è immagine e somiglianza di Dio, sottolinea la possibilità di incarnare Dio nella sua azione. L'unico freno, a questo fantastico processo è la logica che ha l'onore e l'onere di porre dei vincoli (sigilli) funzionali per caricare il sistema in modo ottimale. Essendo la componente logica, il risultato dell'*educazione sui valori morali della società e del tempo in cui viviamo, è* fondamentale agire su questi temi per abbattere le problematiche dell'uomo moderno. Basti guardare la società odierna per comprendere come i mezzi di comunicazione inculchino delle idee che inevitabilmente intervengono nella creazione del verso (quello che io vorrei o vorrei essere) sempre più lontano dall'inverso. Il risultato è la totale distonizzazione e la cattiva gestione dell'energia in eccesso. Bisognerebbe incoraggiare l'uomo moderno a uno sguardo introspettivo maggiore che lo educhi alla percezione di se nella sua totalità sia fisica che emotiva. In questo modo si accoglierebbero con occhi diversi il dolore primo e la sofferenza poi, avendo la consapevolezza che essa sia necessaria per alimentare energeticamente la volontà e la motivazione per raggiungere un determinato obiettivo.

CONCLUSIONI

La riflessione su questi meccanismi presenti in Natura in differenti ambiti e specificatamente nell'uomo, ci porta a riflettere di quanto d'inconsapevole ci sia nelle dinamiche umane. Cosa c'è realmente dietro ogni nostro comportamento? Cosa ci spinge realmente verso qualcosa o qualcuno e soprattutto da cosa realmente è influenzato il libero arbitrio che tutti noi pensiamo di avere nel momento in cui prendiamo una decisione?

Le discipline analogiche ci danno una chiave di lettura diversa che ci permette di osservare l'uomo e le sue dinamiche psichiche e sociali, sotto una luce diversa permettendoci di raggiungere nuovi livelli di consapevolezza. L'organizzazione ternaria rappresenta la chiave di lettura che "sintonizza" i processi mentali dell'essere umano a quelli evolutivi osservabili nel mondo vegetale, animale e con un occhio attento in qualsiasi ambito scientifico e sociale. Questa chiave di lettura ricolloca l'essere umano come un ingranaggio in un sistema molto più grande di lui che lo riflette, seguendo gli stessi principi costitutivi e di relazione.

Ogni volta che aumenta la nostra consapevolezza, guardiamo il mondo con nuovi occhi e l'invisibile per magia si manifesta. Mi auguro che questo mio lavoro dia un contributo e stimoli il lettore a guardare con occhi nuovi, per innescare quei meccanismi creativi, che conducono a nuove fasi di comprensione. Questo condurrà sicuramente a un miglioramento delle relazioni sociali e a un innalzamento delle qualità della vita. Quando un gran numero di persone diventerà consapevole delle dinamiche mentali ed emozionali descritte, capiremo tutti che qualsiasi comportamento, nostro o del prossimo, è frutto del tentativo di appagamento di un'esigenza emozionale. La cognizione delle proprie esigenze diventerà un atto naturale e spontaneo, l'uomo sarà libero da manipolazioni sociali e soprattutto avrà la consapevolezza di poter attingere a un infinito serbatoio energetico che potrà adoperare per raggiungere i propri obiettivi.

Sommario

Bibliografia

"Atlante di Anatomia Fisiopatologia e Clinica del Sistema Nervoso" Frank H. Netter ed. Novartis

"Neuroscienze esplorando il cervello" M. F. Bear, B. W. Connors, M. A. Paradiso. Ed. Masson

"Medicina Quantistica" P. Spiaggiari, C. Tribbia Ed, Tecniche Nuove

"C'era una volta l'Ipnosi" Stefano Benemeglio om edizioni

"Compendio delle Discipline Analogiche" S. Benemeglio, A. Bertelli Ed. AIDA

"Simboli e Simbolismo" S. Benemeglio

Appunti e dispense dei corsi di Filosofia Analogica, Fisioanalogia, Comunicazione non verbale, Ipnosi Dinamica.

Appunti e Dispense del master di primo livello in Naturopatia presso l'Università degli studi La Sapienza di Roma

Dispense di Fitoterapia e Botanica del prof. Selli.

"Meridiani miofasciali" T. W. Meyers

"Il Trauma e la Mente" J. Upledger

Appunti e dispense dei corsi di terapia cranio sacrale e rilascio somato-emozionale.

Siti internet che fanno riferimento ai lavori scientifici svolti da MacLean sul cervello tripartito:

https://www.uaar.it/ateismo/contributi/13.html

https://www.kinesiopatia.it/thesaurus/cervello-trino/

"Medicina Naturale dalla A alla Z" B. Brigo ed. Tecniche Nuove

Appunti, dispense e testi dei corsi di terapia Manuale, e posturologia.

"Il Linguaggio del corpo" Lowen ed. Feltrinelli

Ultima intervista a Lowen visibile al seguente indirizzo:

https://www.youtube.com/watch?v=1AtauRcre2U

" Il codice dell'anima" Hillman ed. gli Adelphi.

LA MENTE TERNARIA